beck'sche reihe

Er habe beim Brand der Stadt, als der Feuersturm durch die Straßen fegte, einen alten Mann, der ihm aus den Flammen entgegenkam, in seinen Keller aufgenommen, dann aber selbst das Haus durch den Hintereingang verlassen und das Weite gesucht. So erzählt, das Gewissen belastet vom Erstickungstod jenes Alten, ein Priester eine traumatische Begebenheit seines Lebens. Arnold Esch hat aus Schreiben an den Papst ganze Lebenswelten mittelalterlicher Menschen freigelegt: ob erste Liebe oder der nicht ganz freiwillige Eintritt ins Kloster, Geldschwierigkeiten oder eine Schlägerei im Wirtshaus, das Scheitern einer Ehe oder die unerfreuliche Begegnung mit Räubern auf der Landstraße. In seinen elegant erzählten Miniaturen wird das Mittelalter einmal aus allernächster Nähe betrachtet und gerade dadurch ungewöhnlich anschaulich.

Arnold Esch ist Professor für Mittelalterliche Geschichte und war bis zu seiner Emeritierung Direktor des Deutschen Historischen Instituts in Rom. 2011 erhielt er den Sigmund-Freud-Preis für wissenschaftliche Prosa. Bei C.H.Beck ist zuletzt von ihm erschienen: *Zwischen Antike und Mittelalter. Der Verfall des römischen Straßensystems in Mittelitalien und die Via Amerina* (2011).

Arnold Esch

Wahre Geschichten aus dem Mittelalter

Kleine Schicksale selbst erzählt in Schreiben an den Papst

Verlag C.H.Beck

Die erste Auflage dieses Buches
erschien in gebundener Form 2010.

für Doris

Mit 25 Abbildungen

Satz: Fotosatz Amann, Aichstetten
Umschlagentwurf: malsyteufel, Willich,
nach einem Entwurf von Roland Angst, Berlin + Vogt,
Sedlmeir, Reise, München
Umschlagabbildung: Jean Fouquet, Illustration zu Boccaccio
Ms Gall. 6., fol. 10r (Ausschnitt) © Bayerische Staatsbibliothek, München
Druck und Bindung: Druckerei C.H.Beck, Nördlingen
Printed in Germany
ISBN 978 3 406 63095 8

www.beck.de

Inhaltsverzeichnis

Einführung 7

Die Quelle und ihr Aussagewert 18

Schuld als Überlieferungs-Chance 19. Argumentations-Tendenz der Schilderungen 20

Lebensalter und Lebenslagen in Einzelschicksalen 26

Kindheit 26; Erste Lebensentscheidungen 30; Liebe, Ehe, Enttäuschung 33. Enthaltsamkeit 42. Gemütslagen. Depressionen, Komplexe, Zusammenbrüche 44. Körperliche Mängel 46. Alter 48

Gesellschaft 51

Die Lebenswelt der Stadt 51. Stadt und Universität; studentisches Leben 52; Auslandsstudium 57. Berufliches Leben 59. Der Arzt 62. Zwischen Anatomie und Magie 65. Städtische Obrigkeit. Verantwortung und Strafgewalt 68. Todesurteile und Hinrichtungen 72. Gemeinschaftserlebnisse, Gemeinschaftserfahrungen 75: Stadtbrand; verunglücktes Krippenspiel; Schule; Singen und Musizieren. Bauen 81. Ernährung 84

Geistliche 86

In der Welt der Herrschaft schuldig durch Schreiben 87. In der Welt der Kirche: schuldig durch Pfründenhandel 92. Aus Priesterhaushalten 96. Papstfinanz aus persönlicher Perspektive 97

Im Kloster 99

Eintritt: genötigt, überredet, überzeugt 99. Konfliktsituationen und Verlassen des Klosters 105. Szenen klösterlichen Lebens 107. Klosterreform als Eingriff 109

Krieg 112

Aus dem Kloster in den Krieg 112. Aus großen Kriegen und kleinen Fehden 114. Seeräuber und Seeschlachten 118. Handfeuerwaffen: Hantieren mit einer neuen Erfindung 120

Im Wirtshaus 128

Der Wortschatz der Trunkenheit 130. Wortwechsel, Streitanlässe, Zimmerschlachten 131. Tatwaffen 134. Glücksspiel 136. Wettkampfspiele 139

Auf dem Lande 143

Dörfliches Leben 143. Auf dem Felde 147. Unfälle an Dorfteichen und Flüssen 149. Auf der Landstraße 152

In der Fremde 156

Auf dem Weg nach Rom 156. In Rom 159. Am päpstlichen Hof 162. Nach Santiago di Compostela und Jerusalem 164. Fernhandel 166: Islam-Embargo; Sprachprobleme. Die Mißgeschicke eines Kölner Kaufmanns auf Zypern 168

Historische Ereignisse gespiegelt in kleinen Schicksalen 174

Die Kriege Karls des Kühnen 174. Lokale Kriege und Fehden, fremde Solddienste 178. Hussiten 183. Zeitalter und Menschenalter.

Anhang 189

Anmerkungen 191

Bildnachweis 222

Einführung

Er habe beim Brand der Stadt, als der Feuersturm durch die Straßen fegte, einen alten Mann, der ihm aus den Flammen entgegenkam, in seinen Keller aufgenommen, dann aber selbst das Haus durch den Hintereingang verlassen und, den Fluß durchquerend, das Weite gesucht. So erzählt, das Gewissen belastet vom Erstickungstod jenes Alten, ein Priester eine traumatische Begebenheit seines Lebens.[1] Und so berichten hier viele andere, die eigentlich nicht die geringste Chance hätten, in eine historische Quelle hineinzufinden.[2] Hier aber kommen sie nicht nur vor, sie kommen sogar zu Wort – erzählen Episoden aus ihrem Leben, ja ganze Lebensgeschichten: wahre Kurzgeschichten aus dem späten Mittelalter.

Kleine Schicksale selbst erzählt. Was aber läßt Alltags-Szenen, die nicht einmal wir selbst für überlieferungswürdig halten würden (oder allenfalls in literarischer Gestaltung, bei Boccaccio, bei Chaucer) in historische Überlieferung hineinfinden und nacherzählbar werden? Was läßt unscheinbare Menschen, deren kleine persönliche Schicksale zu großer Perspektive gar nicht taugen (oder nur zur allergrößten: der Frage, wie der Mensch durch die Nöte seines Lebens findet), und von denen in ihrer Heimat womöglich keine Spur geblieben ist, in römische Überlieferung hineingeraten?

Um in römische Überlieferung zu kommen – wo man weit besser aufgehoben ist als in mittelalterlicher deutscher Überlieferung –, muß man ein Problem mit Rom haben. Das war damals nicht schwer, denn die Kirche durchdrang in ganz anderer Weise das Leben, das der Geistlichen wie das der Laien. Man mußte, zweitens, die Möglichkeit haben, sich in Rom vernehmlich zu machen, sein Problem dort zur Sprache zu bringen. Dafür sorgte die Kirche mit ihren zentralen Behörden. Und es mußte, damit wir Historiker noch heute davon wissen, endlich, drittens, gewährleistet sein, daß das darüber aufgesetzte Dokument die Jahrhunderte überdauere, nicht verloren ging oder als schließlich unnütz ausgeschieden wurde. Es mußte also einiges zusammenkommen. Und hier kam es zusammen. In Rom zu suchen lohnt immer, auch auf dieser Ebene.

Daß der Historiker auch auf gewöhnliche Menschen hören müsse, wird als Grundsatz gern propagiert. Aber das ist leichter gesagt als getan (und oft auch bloßes Lippenbekenntnis): man muß schon etwas dafür tun, muß zu ihnen finden, denn (anders als manche Chronikenschreiber und Humanisten, die sich uns mit ihrer Suada bisweilen auch ungebeten aufdrängen) kommt der einfache Mann nicht von selbst zu uns. Er redet nicht ungefragt in einer Quelle. Er muß, damit er zu uns spreche, zum Reden *genötigt* werden: die Bauern von Montaillou, die Räuber um Bern erzählen von sich (etwa der Räuber, wie er wochenlang im Wald gelegen und vergeblich auf ein Opfer gewartet habe) – weil sie *müssen*, im Verhör unter Anklage. Der Bedürftige erzählt in seiner Petition aus seinem Leben – weil ihm der Antrag auf staatliche Pension das abverlangt. Die einfachen römischen Frauen erzählen ihr Leben im Umkreis der Heiligen Francesca Romana (wie sie die Heilige im Familienpalazzo haben wirtschaften sehen, unten Viehstall oben Adelswohnung) – weil sie endlich einmal *dürfen*, aufgefordert in der Zeugenvernehmung eines Heiligsprechungsprozesses.[3] In solchen Fällen wollte man von ihren Erlebnissen tatsächlich einmal wissen. Und selbst von hier bis zu unserem Fall – ein eigenes Anliegen, mit begründender *narratio*, vor eine bedeutende Behörde zu bringen – ist es noch ein weiter Schritt, der erklärt sein will.

Die kleinen Schicksale, von denen wir im folgenden so persönlich erfahren, finden sich in Gesuchen von Personen jeden (eben auch niederen) Standes, Klerikern wie Laien, an ein päpstliches Amt, an das man sich bei kirchlichen Strafen zu wenden hatte, deren Lösung nicht vom zuständigen Bischof vorgenommen werden konnte, sondern dem Papst vorbehalten war. Wer in irgend einer Form gegen Bestimmungen des Kirchenrechts verstoßen und eine entsprechende Maßregelung erfahren oder zu befürchten hatte, beschritt diesen Weg, sei es direkt oder als Appellation nach voraufgegangenem Prozeß vor dem örtlichen bischöflichen Gericht. Häufig ging es etwa darum, daß ein Geistlicher an der Verletzung oder gar am Tod eines Menschen schuldig oder mitschuldig geworden war und sich damit im Zustand der *irregularitas* befand und folglich *inhabilis* war. Mit anderen Worten: er war «non in regola» und darum «ungeeignet» zur Ausübung seines Priesteramts. Und wenn er noch nicht Priester war, sondern Laie oder Kleriker mit niederen Weihen, fehlte ihm die Voraussetzung zur Erlangung der höheren Weihen und einer Kirchenpfründe. Darum wandte er sich an Rom mit der Bitte um Absolution (denn der Ausschluß bedrohte nicht nur den Seelenfrieden, sondern auch die materielle Existenz) oder um eine *littera declaratoria*, eine Ehren- oder Unschuldserklärung, die ihm bescheinigte, eine bestimmte Tat bzw. Sünde nicht begangen zu haben.[4] Und erst recht hatte Gewalt gegen Kleriker *ipso facto* die Exkommunikation zur Folge, von der nur der Papst absolvieren

Abb. 1. Jurist mit Schriftstück. Vermutlich der Hl. Ivo, Patron der Juristen (und vieler Juristenfakultäten), Advokaten und Notare. Ivo Hélory von Kermartin, gest. 1303, war Offizial (Vertreter des Bischofs in Rechtssachen, besonders im Ehegericht), dann Pfarrer in der Bretagne, deren Nationalheiliger er ist. Als Anwalt der Armen und Bedrängten wirkte er, hier wohl die Bittschrift eines Hilfesuchenden lesend, vor kirchlichen und weltlichen Gerichten. So mag man sich den Wunschadvokaten unserer Supplikanten vorstellen – und den Geistlichen, der einem weltlichen Herrn die Fehdebriefe schreiben und vorlesen konnte. Rogier van der Weyden (zugeschrieben), St. Ivo (?, um 1450). London, National Gallery.

konnte (so gerieten Täter und Opfer in eine andere, bessere Überlieferung, die die uns bekannten Fälle unverhältnismäßig vermehrt). In den meisten dieser Fälle war einer der Beteiligten ein Geistlicher: doch ist der Anteil der Laien recht hoch, und die niedere soziale Herkunft stellenweise deutlich feststellbar, zumal die Gebühren «in der Regel nicht prohibitiv» waren.[5]

Diese dem Papst vorbehaltenen Fälle wuchsen in Zahl und Vielfalt so an, daß sich um den Großpönitentiar, dem der Papst seine Lösegewalt übertrug, bald eine eigene Behörde bildete, die neben Kanzlei und Kammer zu den bedeutendsten der römischen Kurie gehörte: die *Sacra Poenitentiaria Apostolica*, das oberste päpstliche Buß- und Gnadenamt, das für Absolution in solchen Reservatfällen zuständig war und auf dem Gnadenwege von den Normen des Kirchenrechts befreien konnte, für dies eine Mal (Dispens) oder generell (Lizenz).[6] Die von Klerikern oder Laien eingereichten Bittgesuche – sogenannte Suppliken, von amtlich zugelassenen Prokuratoren in die richtige Form gebracht (vgl. Abb. 1) – wurden, wenn sie genehmigt waren und den Petenten die darüber ausgefertigte *littera* ausgehändigt wurde, nach Materien geordnet in die Supplikenregister eingetragen. Und in dieser Form liegen sie uns vor. Welche Vielfalt von Fällen – Verstöße, Kompetenzüberschreitungen, Weihehindernisse usw. – da zur Sprache kommt, sei hier nicht systematisch aufgeführt, sondern wird im Laufe der Darstellung in ganzer Breite zutage treten. Auch Geschäftsgang und Arbeitsweise der Behörde (und weitere Fragen: wie weit die Gesuchsteller bei ihren Suppliken gingen; ob die Behörde aus ordentlicher Amtsgewalt, *fiat in forma*, oder kraft speziellen päpstlichen Mandats, *fiat de speciali*, entschied, usw.) werden nur dort und nur soweit herangezogen, als sie dem Verständnis des Falles dienlich sind.

Das Archiv der Pönitentiarie, heute in den Räumen des Archivio Segreto Vaticano (aber in der Zuständigkeit der Penitenziaria Apostolica) war lange Zeit strikt verschlossen, da sich lange die Auffassung hielt, das Material enthalte Aussagen *pro foro interno* (also allein zwischen Beichtkind und Beichtvater), eine Veröffentlichung verletze darum das Beichtgeheimnis.[7] Nachdem das Archiv 1983 der Forschung zugänglich wurde, beschloß 1991 das Deutsche Historische Institut in Rom, das im *Repertorium Germanicum* [RG] seit langem schon alle deutschen Betreffe in allen vatikanischen Archivfonds sammelte,[8] auch die Supplikenregister der Pönitentiarie in Regestenform als *Repertorium Poenitentiariae Germanicum* [RPG] in eigener Reihe herauszubringen. Daß die Bearbeitung der Pönitentiarieregister so rasche Fortschritte macht und bereits 8 Pontifikate erfaßt, ist allein der Tatkraft von Ludwig Schmugge zu verdanken, der mit fachlicher und technischer Kompetenz die Archivalienmasse durchdrang und zusammen mit seinen Mitarbeitern, darunter vor allem seiner Frau Hildegard Schneider-Schmugge, Band um Band herausbrachte und die kirchenrechtliche Seite der Thematik in zahlreichen Publikationen erläuterte.[9] Ohne diese Erschließungsarbeit wäre das vorliegende Buch nicht geschrieben worden.[10]

Der folgenden Darstellung zugrunde liegen die rund 33 000 Gesuche von Petenten aus den Territorien des Reiches, die während der Pontifikate Eugens IV. bis Alexanders VI., also in den Jahren 1431 bis 1503, in den Supplikenregisterbänden der Pönitentiarie unter verschiedenen Rubriken (Materien) registriert wurden. Davon werden hier die Fälle der Rubriken *De diversis formis* und *De declaratoriis* ausgewertet,[11] die (im Unterschied zu leichter bestimmbaren Materien wie «Ehehindernisse» oder «Weihehindernisse aus unehelicher Geburt») nicht einfach in ein Formularschema zu bringen waren und darum, die unterschiedlichsten Anliegen umfassend, eine besondere Begründung des Gesuchs, eine genauere Schilderung des Tathergangs erforderten. Das ist die sogenannte *narratio*, die (auch in einer Kaiserurkunde, nach der pompös einleitenden *arenga*) konkret zur Sache kommt und erst einmal die Fakten «erzählt», die zu diesem Anliegen geführt haben. Diese *narrationes* stehen hier im Mittelpunkt: sie trotz aller notwendigen Kürzungen und Formalisierungen eines Regestenwerks doch vollständig aufzunehmen, hielten Herausgeber und Bearbeiter für unbedingt geboten.

Die «Erzählungen» geben persönliche Begründung und Rahmenhandlung in Tausenden von Fällen: Tötung und Körperverletzung, Verlassen oder Wechsel des Klosters, unrechtmäßiger Erwerb eines kirchlichen Amtes, Zölibatsvergehen, Lockerung der Fastenvorschriften, Lösung vom Eid und vieles andere. Wie bei *De diversis formis* wurden unter *De declaratoriis* ganz unterschiedliche, aber besonders schwierige, auf eine *littera declaratoria* zielende Fälle erfaßt, die eine nähere kirchenrechtliche Prüfung erforderten[12] und den Petenten, zu unserem Glück, oft zu einer noch ausführlicheren Schilderung veranlaßten.

Im folgenden aber soll es einmal nicht um die kirchenrechtlichen Bestimmungen gehen, nicht um die Kompetenzen des Tribunals und seine Entscheide (die registrierten Suppliken sind alle positiv entschieden worden, wenn auch teilweise mit Auflagen[13]), sondern allein um die menschlichen Schicksale, wie sie in den Gesuchen hervortreten. Daß auch die *narrationes* ihren kirchenrechtlichen Zuschnitt haben, daß scheinbar unerhebliche Details doch kirchenrechtlich erheblich sein können und nicht aus atmosphärischen Gründen erzählt werden, ist keine Frage und muß beachtet werden.[14] Aber wir wollen die Betroffenen ihre Schicksale einmal erzählen, sie ausreden lassen, ohne ihnen gleich mit kanonistischen Fragen ins Wort zu fallen. Dabei hören wir bisweilen an der eigentlichen Aussage-Intention der Quelle vorbei auf Dinge, die diese Menschen gar nicht sagen wollen, die sie aber sagen *müssen*, um sagen zu *können*, was sie sagen *wollen*.

Auch anderes ist bei dieser Quelle vorab zu bedenken. Es liegt in ihrem Wesen, daß sie Verfehlung und Unglück anzieht und in Vergrößerung wiedergibt (und dabei die Geistlichen überrepräsentiert): Abweichungen vom normalen Verhalten, verbotene Liebe, Mißgeschicke, Unfälle, Kummer und Depression. Diese Quelle reicht tiefer in den Menschen hinab als viele andere Quellen. Es sind bisweilen sehr persönliche Probleme, die am Anfang des kirchenrechtlichen, nun in Rom zu lösenden Falles stehen, und diese persönlichen Probleme wollen im Gesuch erst einmal erzählt sein. Manche Episoden beginnen wie ein Schwank, aber sie enden nicht so. Oder sie lesen sich wie eine Novelle, da sie einige der für diese literarische Gattung kennzeichnenden Züge haben (Kürze, zielgerichtete Darstellung in einfachen Worten, deutlicher Wendepunkt usw.), lesen sich wie eine Novelle von Franco Sacchetti, oder von Boccaccio. Aber sie gehen bös aus, und enden nicht in einer sinngebenden Schlußbelehrung (wenn man nicht die Schlußformel von Reue und Zerknirschung dafür nehmen will). Oder sie streifen gar das Komische und belustigen uns in der Schilderung der Umstände: ‹comédie humaine› – wüßten wir nicht, wie elend diesen Menschen oft zumute war.

Noch ein Seitenblick auf die Novelle.[15] Der Historiker geht an die Frage von Historizität und Fiktion auf seine Weise heran. Ihm drängt sich auf, daß viele Novellen ihren konkreten Erfahrungshintergrund, ja ihren zeitgeschichtlichen Rahmen haben, etwa im *Trecentonovelle*, dessen Autor Franco Sacchetti manche Gerichtsfälle mit ihren Verhören, die er als Podestà zwischen Toskana und Emilia erlebte, in seinen Novellen verarbeitet haben mag. Ja einige seiner als fabulös geltenden Figuren sind in Wahrheit historische Personen seiner Zeit, wie sich bei Kenntnis der Archivalien nachweisen läßt.[16] Doch ist ihm die immer wieder beteuerte Historizität vieler seiner Novellen *(non sarebbe che la novella non fosse stata; che fu ne' miei dì poco tempo fa)* von Literaturwissenschaftlern nicht abgenommen worden, denen immer zuerst die Abhängigkeit des Autors von literarischen Vorlagen einfällt (als habe es beispielsweise die Selbstjustiz der Kastration des Rivalen mehr in den *fabliaux* als in der eigenen Gegenwart gegeben, wo sie dem amtierenden Richter wie dem zeitgenössischen Leser indes völlig geläufig war). In dieser komplexen Frage soll nicht die historische Quelle gegen die literarische ausgespielt werden. Hier sei, für unsere Zwecke, nicht mehr gesagt, als daß viele jener Novellen und viele unserer *narrationes* aus demselben Stoff gemacht sind.

Und so sehen wir zahllose Menschen mit ihren Sorgen und ihren Hoffnungen an uns vorüberziehen und erfahren aus ihrem Munde, was sie auf dem Herzen haben, oder wessen sie sich schuldig fühlen. Wir lassen sie zu Worte kommen nicht aus neumodischen Absichten einer weiteren Alltagsgeschichte, einer weiteren Geschichte von unten. Diese Quelle soll uns «Geschichte weder von oben noch von unten [erklären], sondern aus einer anthropologischen Mitte»[17]. Daß die Schilderungen, die bisweilen um mehrere Ecken gehen und immer Züge der Selbstrechtfertigung tragen, nicht einfach für bare Münze zu nehmen sind, versteht sich und wird im folgenden gezeigt werden. Uns muß genügen, daß die Zeitgenossen sie, in Argumentation und Diktion, nicht für so unwahrscheinlich hielten, daß die empfangende Behörde sie gleich abgetan hätte. Darin, und nicht in der – verlangten, aber gewiß oft nicht gegebenen – *veritas precum*, der detailgetreuen Wahrhaftigkeit des Gesuchs in der Darstellung des Sachverhalts,[18] liegt für uns ihre Zeugniskraft: insofern geben sie Einblick in mittelalterliche Lebenswelt (nicht «die» Lebenswelt «des» Mittelalters, die aus einer einzigen Quelle zu entwickeln gar nicht unternommen werden kann). Jedenfalls braucht man sich für das Mittelalter, aus didaktischen oder anderen Gründen, keine Geschichten, keine Dialoge, keine Situationen menschlichen Verhaltens auszudenken: hier sind sie schon enthalten.

Auf dieser Ebene bewegen sich unsere Geschichten. Dementsprechend bescheiden ist der Ertrag: nicht Einblicke in Staatsaktionen und politische Entscheidungen, sondern Streiflichter auf unscheinbares Leben, Szenen menschlichen Verhaltens. Sie sind ein willkommenes Gegengewicht zu den so gern herangezogenen normativen Quellen: sagen jene, wie es sein *sollte*, so sagen diese, daß es so gerade *nicht ist*. Kirchenrechtliche Begriffe füllen sich mit persönlichem Schicksal: wir sehen, wo und wie der Blitz der Exkommunikation einschlägt und den Einzelnen trifft; sehen, was ein verhängtes Interdikt praktisch für den Einzelnen bedeutet.

Es sind elementare Dinge, die meist unter dem Wahrnehmungshorizont des Historikers bleiben, weil sie in Quellen sonst nicht überliefert werden. Daß die Fälle und ihre Schilderungen, bisweilen von bodenloser Banalität, oft auch gar nicht überlieferungswürdig sind, ist nicht zu bestreiten. Eine Badeszene am Dorfteich ist im Grunde so wenig überlieferungswürdig wie ihre Darstellung bei Pieter Bruegel darstellungswürdig.[19] Aber wir wollen sie uns gleichwohl nicht entgehen lassen, weder bildlich noch verbal. Wer – mit gutem Recht – anderer Auffassung ist, der greife, statt sich mit den kleinen Mißgeschicken eines deutschen Studenten in Italien aufzuhalten, besser zum Ploetz, der nur das wirklich Wesentliche italienischer Geschichte bietet, weil er sich die Geschichte etwas weiter vom Auge weg hält. In der Regel kommen diese Episoden, deren Fülle im folgenden versuchsweise um einige Lebensbereiche gruppiert worden ist (aber auch ganz anders angeordnet werden könnte), ohne einen historischen Rahmen aus: die anthropologische Konstante ist dominierender als die historische Variable. Doch scheint der zeithistorische Hintergrund – Burgunderkriege, Türkeneinfälle, Hussiten – immer wieder durch, wie zum Abschluß gezeigt werden wird.[20]

In der folgenden Darstellung ist der ganze mitteleuropäische Raum, von den Niederlanden bis Polen und Oberitalien vertreten, da das Repertorium Poenitentiariae Germanicum, wie das Repertorium Germanicum, jeweils das damalige Reich erfaßt (und darüberhinaus, wo die Bearbeiter fallweise auch weitere Vorgänge aufgenommen haben).[21] Name, Ort und Datum sind hier nur bei längeren (oder wörtlich zitierenden) Fällen persönlicher Färbung beigefügt, nicht aber bei kurzer beiläufiger Erwähnung.[22] Diese Personen alle zu identifizieren und in die lokalen Quellen hineinzuverfolgen war natürlich nicht möglich. Die (in beiden Repertorien ohne Identifizierung belassenen) Ortsnamen sind nach Möglichkeit identifiziert, sonst gibt die Diözese eine grobe Lokalisierung,[23] die Bandzahl eine grobe Datierung.[24]

Die Quelle und ihr Aussagewert

Was uns, mit dieser Quelle, den Blick auf damalige Lebenswirklichkeiten und persönliche Schicksale so weit öffnet, ist einmal die Totalität, mit der die mittelalterliche Kirche das ganze damalige Leben bis in die letzten Kapillaren durchdrang. Und es ist, zweitens, die dem Gläubigen (sei er Kleriker oder Laie) abverlangte Gewissenhaftigkeit, die eigenen Verstöße gegen das Kirchenrecht zu erkennen und zur Sprache zu bringen. Wo die Kirche bereits die Verfehlung festgestellt hatte, folgte ein Verfahren, das in Materie und Vorgehen genau bestimmt war. Aber es kam anderes hinzu, das uns den Blick noch um ein weiteres öffnet: Es war dem Einzelnen überlassen, was er, sein bisheriges Leben erinnernd, an Fällen möglicher Schuld oder Mitschuld erkennen wollte – sei es aus feinem Gewissen, das auch im Zweifelsfall eine gewisse Mitschuld empfand (nach dem Grundsatz, «daß gute Gesinnung auch dort Schuld vermute, wo keine Schuld vorliege»);[25] sei es aus berechnender Vorsicht, die sich für alle Fälle gegen eventuelle spätere Bezichtigungen (‹Du warst doch auch dabei, als …›) vorzeitig absichern wollte, oder sich mit solchen Anschuldigungen bereits konfrontiert fühlte. In diesem Sinne war die Pönitentiarie ein ‹Tribunal des Gewissens›.

Also nicht der Scharfrichter, der seinen evidenten Anteil am Tod eines Menschen bekennt, sondern der, der als Junge dabeigestanden und bloß mal das Seil angefaßt hatte; nicht der Richter, sondern der Bote, der das Urteil überbrachte; nicht der Ritter, sondern der Diener, der ihm den Harnisch angelegt hatte; nicht der Todes-Schütze, sondern der, der ihm den Pfeil gereicht hatte. Und so in allen Schuldabstufungen auf- und abwärts. Diese unscheinbaren Fälle wollen, um den Grad der Schuld zu ermitteln, ja erst einmal erzählt sein – und darauf haben wir es abgesehen, denn solche Nahaufnahmen werden wir in anderen Quellen selten finden. Die Überlieferungs-Chance des kleinen Mannes liegt in seiner Schuld.

Natürlich darf man diese Schilderungen nicht einfach beim Worte nehmen. Die Petenten versuchten bei der Darstellung des Hergangs selbstverständlich, ihren Schuldanteil zu verringern, nicht anders als Angeklagte, die sich im Verhör womöglich noch kleiner machten, als sie ohnehin schon waren.[26] Und ein kirchenrechtlich versierter Prokurator mag dann noch über den Text gegangen sein,[27] um der Schilderung des Tathergangs die erfolgversprechende, mildernde Umstände sichernde Wendung zu geben (habe in Notwehr gehandelt; habe nur friedensstiftend eingegriffen; die Wunde habe nicht geblutet, usw.). Auch wenn die Fälle oft, zur Prüfung vor Ort, an die lokalen kirchlichen Behörden zurückverwiesen wurden (und die *veritas precum*, die Wahrhaftigkeit des Gnadengesuchs in der Darstellung des Falles, überhaupt Voraussetzung für die Gültigkeit der gewährten Absolution war[28]), wird man immer davon ausgehen müssen, daß die Darstellung parteiisch ist. Und das umso mehr, als die *áltera pars* ja gar nicht gehört werden kann, da sie tot ist, den geschilderten Fall in der Regel nicht überlebt hat.

Um die zu erwartenden Verzerrungen in der Schilderung des Hergangs auszukorrigieren, muß man eine Vorstellung von der Argumentationsrichtung, der Tendenz dieser *narrationes* haben. Und diese Vorstellung müssen wir uns zunächst verschaffen.

Argumentations-Tendenz der Schilderungen. Dazu gehört, daß man den eigenen Anteil am Zustandekommen des Streits im Unklaren läßt (häufig der abrupte Beginn: Da kam einer und sagte: ‹Ich will Dich totmachen› – als werde, in der Kette der Motive, mindestens ein Glied verschwiegen), und den Anlaß des Streits in seiner ganzen Nichtigkeit darlegt (‹Ich habe keinen zweiten Becher, für den nächsten Wein mußt Du mir den ausgetrunkenen Becher zurückgeben› – schon das habe gereicht).[29] Dazu gehört, daß man das Handeln des Gegners in seiner ganzen Rage («er knirschte mit den Zähnen wie ein tollwütiger Hund»), seiner ganzen Gemeinheit (hatte vorher eigens Steine zum Werfen angehäuft), seiner ganzen Besinnungslosigkeit (war total betrunken) darstellt.[30] Um die eigene Schuld zu minimieren, wird alles getan, um den Weg von der erlittenen Verwundung bis zum eingetretenen Tod zu strecken, zu verwischen, und die Todesursache womöglich anderem als der geschilderten Verwundung zuzuschreiben, etwa: Meine Waffe war für eine solche Wirkung doch viel zu klein, das Messer «nur ein kleines Brotmesser», der Stock «nicht mal fingerdick», der geworfene Stein nur «so groß wie ein Hühnerei». Umgekehrt wird das Messer des Gegners, dessen man sich zu erwehren hatte, groß und breit, *cultellum longum et latum*.[31]

Häufig heißt es, der Mann habe doch noch weitergelebt: noch ein halbes Jahr, noch 6 Wochen, «noch 3 oder 4 Tage». In dieser Zeit habe der an der Schulter Getroffene nie geklagt, nur einmal zu einem Nachbarn gesagt: «Ich müßte zum Holzsammeln in den Wald gehen, aber mir tut die Schulter weh», und auch seine Frau habe das «Mir tut die Schulter weh» nur einmal gehört, er sei wohl eher an der Pest gestorben. Auf die Pest, die dort damals gerade grassiert habe, wird gern zurückgegriffen, wenn es darum geht, die Wirkung des eigenen Hiebes zu verharmlosen.[32] Oder: er hätte auf den Rat der Ärzte hören sollen. Aber auch sonst ist alles recht: vielleicht litt er an irgendeiner hinzukommenden Krankheit, erstickte betrunken am eigenen Erbrochenen, oder gar: ich verwundete ihn, da fiel er zufällig (!) vom Pferd und brach sich den Hals, und daran ist er gestorben.[33]

Oder die Beteiligung war nur mittelbar (er reichte dem Ritter ja nur die Lanze, und auch das nur über einen Dritten, *per intermediam personam*), oder war, gegen jede Evidenz, ganz ohne Tötungsabsicht: einen Pfeil habe er damals zwar auf die belagerte Burg abgeschossen – aber nicht um zu töten (das läßt die Pönitentiarie, den einen Pfeil in den Plural setzend, denn doch nicht unkommentiert); er habe zwar, unter einem päpstlichen Condottiere, zur Befreiung eines Kameraden drei oder vier Mal mit der Muskete auf einen Gegner geschossen, ihn dabei aber nur verwundet, nicht getötet; er habe doch nur, auf Befehl und mit anderen, eine große Kanone *(quandam magnam pixidem)* vor der feindlichen Burg in Stellung geschoben.[34]

Ein weiterer Punkt, der in diesem Zusammenhang zu beachten wäre, ist die Verwendung direkter Rede. Bisweilen sind die *narrationes* ganz mit direkter Rede durchsetzt, was ja auch sonst in Gerichtsakten, bei Streitreden und Ähnlichem begegnet (heftige Ausrufe werden dann gelegentlich in der Volkssprache belassen und bieten so dem Sprachwissenschaftler willkommenes Material): «*ve ve*» (weh, weh) schreit das Kind, als sein Ziehvater es zu Tode züchtigt.[35] Direkte Rede will der Schilderung Authentizität geben, ist also durchaus zweckhaft und nicht einfach spontan, nicht unbedingt so und nicht anders im beschriebenen Moment gesagt worden. Aber es ist damalige Rede, steht unter der Kontrolle der Zeitgenossen (die sich in dieser Sprache in solcher Situation ja wiedererkennen mußten), und das soll uns genügen.

Direkte Rede vor allem beim Streit im Wirtshaus: «Du Unglücksmensch» *(infelix)*, schreit den Wirt seine Frau an, «warum mußtest Du den Priester verletzen!» «Wenn Du [den Zinnkrug] nach mir wirfst», sagt der Soldat zum Wirt, «dann wird's Dir schlecht ergehen», und zur schimpfenden Wirtsfrau: «Hau ab, Alte, sonst durchbohr ich Dich und Deinen Mann. Was redest Du schlecht von meinen Eltern: Du weißt doch überhaupt nicht, was für Leute sie waren!» *(minime novisti quales fuerint)*. «Wenn sich einer von Euch an mich heranwagen will, soll er nur kommen», schreit der Betrunkene, der über das Zahlen einer Maß Bier in Rage geraten ist. «Merk Dir gefälligst: wo ich bin, machst Du keinen Ärger und kein Geschrei» *(velle bene, ut ubi sum ego, disturbium et clamores non facias)*.[36] Und natürlich Grobheiten: ihm den Acker pflügen helfen wolle er nicht, «ich will Dir das Feld Deiner Mutter am Hintern pflügen!»[37]

Die Folge direkter Rede kann so dicht sein, daß sie die ganze *narratio* trägt. Ein polnischer Geistlicher und sein Reisegefährte werden in einer fremden Stadt gefragt:

> «Woher seid Ihr, und wohin wollt Ihr?» «Wir sind Polen und wollen nach Hause zurück.» «Habt Ihr eine hiesige Münze zum Tauschen?» «Habe ich». «Gehen wir in meine Herberge, Du zeigst mir die Münze und ich gebe Dir Groschen dafür.» In der Herberge: «Wo ist die Münze, die Du tauschen willst?» «Da ist sie.» Die Münze liegt auf dem Tisch. «Willst Du Würfel spielen?» «Ich mag nicht, Spielen war nie meine Art.» «Hier ist einer, der hat viele Groschen; laß mir das Geldstück, ich spiele mit ihm, und wir teilen uns den Gewinn.» «Ist mir

egal, was Du mit diesem Geldstück machst: Hauptsache Du gibst mir die Groschen, wie Du versprochen hast.» «Mach ich natürlich.» Er geht um die Münze zu ‹prüfen› – und schon ist sie weg.[38]

Oder, bei einem Spaziergang am Fluß, wird ein Gespräch immer erregter:

«Liebster Bruder, wie kommt es, daß unter den Adeligen so viel Streit entsteht?» «Weiß ich nicht». «Stimmt das eigentlich, was alle hier in der Gegend sagen, daß Du es bist, der die Adeligen gegeneinander aufbringt? Laß das bitte, Du siehst ja, daß einige schon umgebracht worden sind – wenn Du daran schuld bist, tust Du etwas Böses». «Du lügst wie ein Gauner, denn das ist nicht wahr» – und dann werden aus Worten Hiebe.[39]

Oder: «Statt des Geldes», sagt die betrunkene Frau zum Gläubiger, «will ich Dir lieber den Veitstanz und das Höllenfeuer geben». «Ich brauche nicht das Höllenfeuer, sondern Dein geschuldetes Geld.» «Wenn ich Dir Geld geben muß, werde ich Dir's so geben, daß Du was zu lachen hast» *(quod certo ridebis)*.[40]

Auch die Präzision bei der Beschreibung der Umstände darf uns nicht darüber hinwegtäuschen, daß sie hier ihren Zweck hat und nicht notwendig aus Lust am Erzählen herrührt. Das soll uns die Freude an solchen Mini-Szenen nicht verderben, wir müssen es nur wissen. Szenen wie dieser, die sich aus einer lebhaft ausgestalteten Rahmenhandlung ergeben. Auf der Donau zwischen Klosterneuburg und Wien

«wäscht sich auf dem Schiff ein junges Mädchen die Füße. [Ein Geistlicher] herrscht sie an: sie solle sich dafür einen anderen Platz suchen *(ut alium locum sibi quereret)*. Ein Mann gibt ihm deswegen böse Worte, unter anderem: ‹Wenn wir am Ufer wären, würde ich Dir noch ganz anderes sagen!› Als sie das

Ufer betreten, fragt der Geistliche ihn: ‹Und was willst Du mir denn sagen?› Da zieht der andere sein Schwert …»[41]

Oder diese Gesprächsfetzen wie aus einem Schwank. Da hört einer auf dem nächtlichen Heimweg plötzlich die Worte «Johannes, Du wirst nicht länger leben!» «Ich bin aber gar nicht Johannes, ich bin Matthias!» «Egal wer, und sei's der Teufel: er soll umgebracht werden!»[42]

Dank dieser bemühten Präzision erfahren wir viel (auch mehr, als wir wissen wollen, denn solche Präzision kann auch etwas Komisches haben, wie Jean Paul in seiner *Vorschule der Ästhetik* gesagt hat[43]). Wir erfahren, daß Arnold sich nicht irgendwo zu Tode stürzte, sondern «auf dem Eisenrost, der an den Rändern des Friedhofs dazu da ist, daß das Vieh nicht in den Friedhof oder in die Kirche hinein kann». Wir hören, daß Heinrich nicht irgendwie ins Messer stürzte, sondern als er dem Priester, der nicht tanzen wollte, den Schnürriemen aus dem Stiefel zog und spaßeshalber damit weglief, dabei aber «durch Treten in einen Kuhfladen einen glitschigen Fuß bekam und ausrutschte», ebenso der ihm nachrennende Priester. Umständlich genau auch: der eine verhedderte sich mit seinem Stiefel in einem Fenster-Seil, der andere mit einem Bein in der Dachrinne. Oder: er stibitzte sich «unterwegs in einem Garten einige Kräuter und Zwiebeln, um einen Salat zu machen». Oder: Er stocherte, in der nächtlichen Küche, mit seinem kleinen Brotmesser in der Asche nach Glut, um eine Kerze anzuzünden.[44]

Oder ein Streit in allen seinen Phasen: «Da rannte er das Messer in den Tisch und verletzte sich dabei selbst, und als er das Blut sah …»; «er wollte ihn mit dem Fuß zu Boden stoßen, da packte der den Fuß und zog ihn an sich»; «da sagte er: ‹bist Du in diesem Haus der Wirt oder ich?›»; «da warf er ihm den Zinnkrug an den Kopf und schlug dann noch mit einem Schemel drauf» – so viele Zeilen braucht es, bis endlich einer tödlich verletzt am Boden liegt.[45] Und so geht es oft seitenlang: Da sagte A zu B; dann schlug C den A; dann verließen C und D den Raum; dann kam C wieder herein, schlug B zu Boden usw. Auch absichtlich dramatisierende Schilderungen können nicht verbergen, daß in dieser gewalttätigen Gesellschaft die Anlässe zu tödlichem Streit oft völlig nichtig waren.

So kann es zu Szenen von geradezu lächerlicher Banalität kommen, die gleichwohl äußerst genau erzählt werden, weil sie Folgen hatten: Wie einer seinen Sitz im Chorgestühl einnehmen wollte, da stellte ihm einer ein Bein; wie eine Frau dem Pfarrer das Stadttor (!) zuhielt und fürs Öffnen im Scherz *(iocose)* ein Trinkgeld verlangte; wie das beim Fischen naß gewordene Hemd dann beim Trocknen im Gasthaus verschwand. Präzision auch in den Altersangaben: ein 16jähriger schubst einen 8jährigen so, daß der einen 4jährigen zu Fall bringt. Und bei Zählung der Wunden: 11 hat er beim Raubüberfall abbekommen, «nämlich 6 am Kopf und 5 am Körper».[46] Unerwartet präzise werden die unbequemen Umstände eines Geschlechtsakts geschildert. «Er packte die Frau, warf sie auf einige hölzerne Stufen, und wohnte ihr bei; sie rutschte aber von diesen Stufen herunter, und ärgerte sich darüber *(propter quod sentiit se offensam)*, und er legte sie nun direkt auf die Erde *(ad terram ipsam)*, um sie ein zweites Mal vorzunehmen».[47]

Lebensalter und Lebenslagen in Einzelschicksalen

Kindheit. Es beginnt mit traumatischen Erinnerungen an die eigene Kinderzeit. Kinder, die noch kleinere Kinder in ihrer Hilflosigkeit und Arglosigkeit (vgl. Abb. 2 u. 3) hatten behüten sollen und dabei zu Schaden kommen ließen, erinnern sich. Ein Knabe «sollte ein Kind in seiner Wiege in ein Zimmer tragen und neben ein Bett auf einen Schemel setzen» und tut das auch, aber als die Mutter zurückkommt, findet sie ihr Kind tot in der Wiege (noch schrecklicher andere Wiegen-Geschichten: die Mutter versteckt das Brot in der Wiege, ein durch das Dorf trottender Bär folgt dem Wohlgeruch und macht sich an die Wiege; das Schwein stupst die Wiege in den Kamin)[48]. Ein Achtjähriger «sollte auf Geheiß der Mutter ein Kleinkind *(infantulum)* auf seinen Armen nach Hause tragen, aber beim Betreten des Hauses glitt er auf der regennassen Schwelle aus *(propter pluvia madefactus)* und stürzte mit dem Kleinkind so zu Boden, daß dessen Kopf aufschlug und es nach acht Tagen starb». Aber auch Erwachsenen kann mit Kleinkindern vieles geschehen, «... so daß er mit dem Kind ins Feuer stürzte: ein Topf voll Kohl und Gemüse, der am Feuer stand, zerbrach und verbrühte das Kind ... so, daß es nach 12 Tagen starb».[49]

Abb. 2. Kleinkinder begegnen in den traumatischen Erinnerungen von Menschen, die früh auf noch kleinere Kinder hatten Acht geben sollen. Kleinkinder nicht einfach als kleine Erwachsene, sondern bei kindgemäßer Beschäftigung (hier beim Zerblättern eines Buches) finden sich am ehesten bei der Darstellung des Jesusknaben. Rogier van der Weyden, Madonna Durán (um 1435–40), Ausschnitt. Madrid, Prado.

Abb. 3. Kleinkinder beim Spiel (im Laufstall, mit Windrad, mit Steckenpferd) findet man in Darstellungen des Jesusknaben, spielend allein oder mit dem jungen Johannes dem Täufer. Stundenbuch der Katharina von Kleve: die Hl. Familie bei der Arbeit (um 1440), Ausschnitt. New York, Pierpont Morgan Library, ms. 917.

Wie schrecklich Kinder geschlagen werden, erfahren wir, wenn das mit Todesfolge und von der Hand geistlicher Personen geschieht. «Au weh! Au weh! Onkel, wie haut Ihr mich so schlimm!» *(ve, ve, quam acriter me, avuncule, leditis)* schreit der zehnjährige Junge, der einem verwandten Geistlichen in Pommern zur Erziehung anvertraut worden war. An der brutalen Züchtigung durch den Vater, einen Priester im Wallis, stirbt auch ein siebenjähriges Mädchen: «Eines Abends befahl er ihr, sie solle singen. Aber sie wollte nicht. Wütend darüber, schlug er sie mit zwei Ruten aus einem Besen, und mit der flachen Hand stieß er sie zu Boden».[50]

Und was Kinder selbst, beim Spielen, so alles anstellen. Da erzählt ein Norddeutscher,

> «wie er in seiner Kindheit, noch nicht 7 Jahre alt, einmal mit anderen gleichaltrigen Jungen in einer Mühle spielte, die mit Pferden betrieben wurde. Da geschah es, daß ein Junge, der mit ihm spielte und sich auf den Mühlstein[51] gesetzt hatte, durch die heftige Drehung des Mühlsteins herab- und gegen andere Hölzer geschleudert wurde und starb».[52]

Ein anderer erinnert sich, wie er

> «in seiner Jugend, damals neunjährig, als dort [im Samland] Krieg war, auf einer [Zug-]Brücke mit einem Jungen ungefähr gleichen Alters spielte, dieser Junge – wie das bei Jungen eben so ist, daß sie nicht absehen, was sie da tun – auf die Kette dieser Brücke kletterte, die Brücke dadurch hochging und das Gewicht der Brücke so unglücklich auf den Kopf des Knaben herunterfuhr, daß der sofort tot war».[53]

Einen Salto rückwärts, aber mortale, macht ein Junge über drei Mitschüler hinweg, «zum Spaß sprang er rückwärts *(retrorsum)* über drei Schüler, die sich mit den Armen aneinandergehakt hatten *(sibi invicem brachiis coherentes)*; sie fielen gleichzeitig um, und einer von ihnen verletzte sich so, daß er nach 8 Tagen starb».[54]

Erste Lebensentscheidungen. In jungen Jahren dann die ersten eigenen Entscheidungen, etwa für das geistliche Leben (soweit die Entscheidung, in diesem Alter, nicht noch fremdbestimmt ist: das ungeliebte Kind abgeschoben ins Kloster, das verstümmelte Kind vor der Welt versteckt[55]). Hinter einigen Geschichten ahnen wir die Lebensentwürfe junger Menschen – und erfahren davon, weil auch die Enttäuschungen früh beginnen. Wir sehen den 15jährigen, «wie er einmal allein in einem Zimmer saß und ohne viel Nachdenken und, ohne sich einen Termin zu setzen, gelobte (oder richtiger: sich vornahm, *vovit seu verius in mente proposuit*),» in ein Kloster einzutreten. Aber als er dann endlich zu diesem niederländischen Kloster ging und um Aufnahme bat, wollte man ihn nicht, weil er so schlecht sang – und sein Leben nahm einen anderen Verlauf.[56]

Oder der Fall des jungen Mannes, der sich Gedanken über seinen Aufstieg macht und sich die Demütigungen, die er einstecken muß, damit erklärt, daß er bloß die niederen Weihen habe – es aber, wenn er genügend Schulbildung erwerbe, bis zum Priester schaffen werde. Aber dann begegnet er einem Mädchen, und so verläuft sein Lebensweg zunächst einmal anders.[57]

Oder der Mann, der seinem Leben eine neue Richtung geben wollte, raus aus dieser Welt *(volens mutare vitam suam et seculum omnino postponere)*, all seinen Besitz an seine beiden Brüder verteilte und ins Kloster eintrat. Aber dann verweigert ihm der Abt dort zweimal die Ablegung der Gelübde – und da steht er nun wieder in der Welt, die er hinter sich lassen wollte.[58] Oder ein ganz anderer Lebensplan: der junge Mann aus kölnischem Rittergeschlecht, der – «nicht aus Glaubenseifer, sondern eher aus

Leichtsinn und Besitzsucht» – 22jährig nach Livland gehen und in den Deutschen Orden eintreten wollte, weil einige seiner Verwandten dort als begüterte Deutschordensritter lebten und er dort Herrschaften erwerben wollte – doch dann erweist sich schon seine Aufnahme in den Orden als nicht korrekt.[59] Oder: der Priester, der seine Pfarrei aufgab, weil er eine Johanniter-Komturei zu übernehmen wünschte, dann aber erfahren mußte, daß dafür nur Adelige vorgesehen seien und auch eine Zahlung erwartet wurde: so war es schon nach 6 Monaten mit dem Komtur wieder vorbei.[60]

Wie tief Entscheidungen und Umentscheidungen das Gemüt belasten und den weiteren Lebensweg überschatten können, wird in manchen Eingaben beredt zum Ausdruck gebracht. Daß ein junger Mann, in die höheren Weihen eintretend, seine geliebte Elisabeth verlassen mußte, «zerquält ihn mit heftigstem Schmerz» *(acerbissimoque … dolore compunctus)*.[61] Bei einem anderen treten geradezu psychosomatische Symptome auf. Auf Drängen seiner Mutter hatte er gelobt, Geistlicher zu werden, ging aber stattdessen eine Ehe ein. Schon «in der zweiten Nacht nach Vollzug der Ehe bekam er … auf dem rechten Arm eine schreckliche Krankheit wie Lepra *(ad instar lepre)*. In der Meinung, das habe ihm die himmlische Gerechtigkeit wegen des gebrochenen Gelübdes angetan, verließ er reumütig seine Frau – und wird gesund». Er tritt in den Kartäuserorden ein, kehrt aber, wegen seiner schwachen Konstitution, schon nach sechs Monaten auf Rat des Priors in die Welt zurück, und geht nach Basel, wo er sich, gegen Geld, von einem Bischof nun auch die höheren Weihen erteilen läßt. Seine verlassene Frau läßt ihn suchen, er flieht, durchstreift incognito 10 Jahre lang verschiedene Länder. Jetzt aber sei er zur Besinnung gekommen.[62] Vor unseren Augen entwickeln sich da ganze Lebensgeschichten.

ABB. 4. Das verlassene Mädchen. Auch wenn Gesuche an die Pönitentiarie nicht der Platz sind, vom Liebesleid verlassener Mädchen zu sprechen, können sie manchmal gar nicht umhin, solche Gefühle anzudeuten. Sandro Botticelli (zugeschr.), ‹La Derelitta› (um 1490). Rom, Collezione Rospigliosi.

So wird die – in dieses Lebensalter fallende – große Entscheidung zwischen Ehestand und Priesterstand oft zum Thema, und was aus dieser Entscheidung folgen kann: die unerlaubte Liebesbeziehung des Priesters, die erlaubte (in diesen Fällen aber unglückliche) des Laien. Leidenschaftliche Liebe, Eheschließung gewollt oder genötigt, eheliches Leben und eheliches Auseinanderleben (wobei es nun darum geht, eine Ehenichtigkeitserklärung zu erreichen), in allen Abstufungen von erster zarter Begegnung bis hin zu wüster Auseinandersetzung. Und obwohl solche Gesuche nicht der Ort sind, dem Liebesleid verlassener Mädchen Ausdruck zu geben (vgl. Abb. 4): sie können gar nicht umhin, auch diese Gefühle ahnen zu lassen.
Ein junger Mann hatte insgeheim gelobt, Priester zu werden.

> «Doch schenkte er, nachdem einige Zeit darüber verstrichen war, einer Katharina von Casseburg, einer Frau aus der Diözese Lüttich, ohne Heiratsabsicht einen Ring, wie das in seiner Heimat zu Neujahr Brauch ist. Als kurz darauf Katharina ihm auf der Straße begegnete, wollte sie von ihm wissen, ob er ihr diesen Ring geschenkt habe, um sie zu heiraten, bzw. ob er sich mit ihr verlobt habe *(subarrasset)*. Da antwortete er ihr scherzend und lachend: ‹Vielleicht ja› *(respondit forsan quod sic)*.»

Da wollte es Katharina doch etwas genauer wissen und zog ihn vor Gericht. Dort sagte er aus, er habe sich nie mit ihr verlobt, aber wenn er heiraten wolle, dann lieber diese Katharina als eine andere.[63] Da wußte Katharina nun auch nicht mehr als vorher.

Liebe, Ehe, Enttäuschung. Zarte Gefühle entwickeln sich bei einem Studenten im Laufe des von ihm gegebenen Hausunterrichts (es beginnt fast wie bei Abälard, endet aber glücklicherweise nicht so). Während er, gegen Kost und Kleidung, den Sohn eines reichen Bürgers *in literatura* unterrichtet, verliebt er sich in die Tochter – und merkt, wie darüber die Wissenschaft vernachlässigt wird und bergab geht (*sentiens se propter hoc in literatura negligi et decrescere*: bei Abälard merken das vor allem die Studenten). Da das Liebesverhältnis stadtbekannt wird, sieht er, der Priester werden will, in einem Ortswechsel die einzige Lösung. Doch der Vater zwingt ihn zu einem Eheversprechen vor Zeugen, verfolgt ihn endlich auch in den Studienort, mit den entsprechenden Komplikationen.[64]

Etwas direkter gehen andere Männer vor: «Willst Du, daß ich in den Garten komme? Willst Du mich haben? *(‹Vis quod veniam ad ortum, vis me habere?›)*», fragt Moritz aus dem Nachbargarten.[65] Oder jener von Liebe «umgarnte» *(filo captus)* Draufgänger: Eines Tages betritt er in Abwesenheit der Eltern ungebeten das Haus, sagt zu dem Mädchen: «Ich möchte Dich zu meiner Frau haben», zieht ein Geldstück hervor, wirft es ihr aufs Kleid mit den Worten, sie solle gut darauf aufpassen, und verläßt das Haus. Am nächsten Tag begegnet sie, die mit ihm überhaupt nichts im Sinn hat, dem Mann wieder und wirft ihm das Geldstück vor die Füße *(in terram contra pedes ipsius … reproiecit)*.[66]

Resolut reagierte auch eine junge Frau, deren Mutter sie unbedingt an einen bestimmten Mann verheiraten wollte. Sie wollte aber nicht und gab, als nun auch Freunde und Verwandte dazu eingesetzt wurden, nur widerwillig nach, ohne aber die Ehe zu vollziehen.

> «Als nun eines Tages dieser Johannes zu Besuch kam, sagte die Mutter zu ihr, sie solle sich andere Kleider anziehen und sich schön machen *(ut se aliis pannis vestiret et ornaret)*, da ihr Ehemann komme, um sie zu sehen. Sie nahm das übel auf, da sie dem Mann nie zugestimmt noch die Eheschließung gebilligt hatte, ging verzweifelt in ein Zimmer und hängte sich mit

einem Handtuch auf. Als die Mutter zurückkam, das Zimmer betrat und die Tochter aufgehängt fand, schnitt sie unverzüglich mit einem Schwert das Handtuch durch».[67]

Gerade noch rechtzeitig merkte eine Wienerin, daß sich ihr Sebald aus Nürnberg doch ziemlich veränderte, und trat vom Eheversprechen zurück. Denn

«dieser Sebald wandelte seinen Charakter danach so sehr zum Schlechteren, daß er wegen seiner Verbrechen verstümmelt wurde: ihm wurden Nase, Ohren und Oberlippe abgeschnitten. Deswegen änderte sie ihren Vorsatz, da sie ja Mutter von Kindern zu werden wünschte, aber nun mit einem anderen Mann».[68]

Ein anderer hatte sich für eine Frau nur interessiert, solange deren Ehemann lebte. Aber wie nun um das gegebene Heiratsversprechen herumkommen? Da verfiel er auf die schlaue Idee, einfach eine unerschwinglich hohe Mitgift zu verlangen. Doch zu seinem Schrecken brachten die Verwandten die Summe auf! Da stand er nun blöd da *(verecundia ductus non modica)* und konnte nicht mehr zurück.[69]

Mit lästerlichen Reden kommentierte seine Liebesabenteuer ein Mann, der, als er vielleicht zuviel *(forte immoderate)* Wein getrunken hatte, zu seinen Freunden beim Essen äußerte,

«daß, als er einmal mehrere Jahre lang in eine Frau blind und wild verliebt war *(amore ceco et voluptuoso captus)*, er seine Begierde nie stillen konnte, wenn er nicht vorher die Jungfrau Maria von Büren angerufen habe, wobei er obendrein noch sagte, auch die Jungfrau Maria sei nicht jungfräulich *(corrupta)* und mit männlichem Samen befleckt. Und aus diesem verdammenswerten Gerede habe er zu folgern gesucht, Hurerei sei keine Todsünde, worauf er es mit dem weltlichen Gericht zu tun kriegte».[70]

Einem Heiratsschwindler aufgesessen war eine Frau, die nun in Ulm lebte. Er war ein Hochstapler, der den Deutschen Orden verlassen hatte und überall herumerzählte, er sei von Adel und besitze viele Burgen und Ländereien. Er umwarb sie und ihre Verwandten mit solch falschen Behauptungen und bekam sie, die Gutgläubige, endlich tatsächlich zur Frau. Als sie aber nun zur Hochzeit in seine Heimat kam, merkte sie, daß das alles gar nicht stimmte, daß er vom Orden abgefallen sei und andere schlimme Dinge gemacht habe: «Fassungslos, schändlich um ihren Ruf gebracht und enttäuscht, wagte sie, wegen solcher Entehrung, ohne Schamröte nicht mehr nach Hause zurückzukehren – lieber wollte sie in jener Stadt leben bleiben bis an ihr Lebensende».[71]

Man mußte schon aufpassen, daß einem nicht mit einem scheinbar rechtsverbindlichen Satz etwas angedreht wurde. Ein Mann erzählt,

> «wie einmal, als er fröhlich mit anderen beim Essen saß und durch zuviel Wein beschwert und benebelt *(gravatus et obfuscatus)* war, eine Frau, die mit ihrer Tochter gleichfalls bei diesem Essen war, ihm diese Tochter mit entsprechenden Worten ‹ehelich kopulieren› wollte, indem sie ihn bei der Hand nahm und sagte: ‹Im Namen des Vaters, ich gebe dir meine Tochter›».

War dieses Angebot nun schon ein Weihehindernis? Immerhin hatte die Frau zwei Zeugen: mit dem einen war sie verwandt, mit dem anderen schlief sie.[72] Ein anderer behauptet, einst habe ihn – er damals 13, sie 40jährig – eine Frau arglistig ein Heiratsversprechen sagen lassen; er habe aber arglos «bloß irgendwelche Worte in gewisser Form [also doch!] im Scherz und lachend *(iocose et ridendo)*» ausgesprochen, und das habe sie dann eingeklagt.[73]

Ganz unerwartet war ein junger Mann bei einem Erholungsaufenthalt in Mittenwald *(recreationis causa)* an eine Verlobte gekommen: sein Herbergswirt bot ihm die Tochter Anna zur Frau an. «Du scherzest wohl», will er zu seinem unverhofften Schwiegervater gesagt haben. Aber der inszenierte sogleich – mit Ineinanderlegen der Hände, Zeugen, Zutrinken – das Eheversprechen. Doch dann überlegte er es sich anders und setzte sich bei geistlichem und weltlichem Gericht mit seiner Version durch, es sei gar nichts gewesen.[74]

Schlimmer erging es anderen. Sie wurden von Verwandten der Frau in eine Falle gelockt und bei vorehelichem Geschlechtsverkehr ertappt, um sie so zur Ehe zu nötigen. Mit solchen Zwangsheiraten wurde die Pönitentiarie mehrmals befaßt,[75] und sie erforderten eine besonders genaue (und peinliche) Beschreibung der Umstände. Wie hier: ein Laie aus der Diözese Augsburg hatte ein Verhältnis mit einer Frau. Als er sie eines Tages wieder in ihrem Hause aufsucht, lauern ihm ihre Verwandten und Freunde dort auf:

> «Sie packten ihn am Hals, hielten ihm zwei gezückte Schwerter vors Gesicht und sagten: ‹Jetzt wähle eins von beiden. Entweder du nimmst Anna zur Frau und machst sofort den Heiratsvertrag – oder du stirbst einen grausamen Tod›. Als er sah, daß er den Verwandten und Freunden nicht entweichen könne, hob er auf ihr unverschämtes Drängen die rechte Hand mit Zeigefinger und Mittelfinger[76] und schwur, Anna zur Frau zu nehmen …»

Sie legten beider Hände ineinander und ließen sie die kirchenrechtlich vorgeschriebenen *verba de praesenti* sprechen («Ich Hans nehme dich Anna hiermit …»). Da er klugerweise vermied, danach noch einmal mit ihr zu schlafen, und der Konsens beider Partner nicht gegeben war, kam Hans gut aus der Sache heraus.

Ähnliches widerfuhr einem Laien aus dem Salzburgischen. Er berichtet, daß eine Witwe

> «ihn eingeladen hatte, in ihr Haus zu kommen. Er ging hin, und als er in dem Haus war, kamen sofort Großeltern und Verwandte dieser Frau herbei, legten gewaltsam Hand an ihn und hielten ihn unter strenger Bewachung. Dann schickten sie zum Ortspfarrer, er möge sofort kommen und die beiden ehelich vermählen. Als der Pfarrer mit der Waffe in der Hand (!) eingetroffen war, um sie zu trauen, wollte Georg die Christina durchaus nicht zur Frau nehmen und sich mit ihr verehelichen. Der Pfarrer aber und seine Freunde nötigten ihn mit Drohungen, Gewalt und Schrecken, die ja auch den Standhaften überkommen können,[77] die Ehe mit jener Christina mündlich einzugehen».[78]

Ohne viel Herumreden wußte eine andere ihren Plan einzufädeln: «Wenn Du heute nacht mit mir schlafen willst, gebe ich Dir diese 4 Gulden». Und als er die Gulden einsteckt, kann sie die Verwandten für den Abend bestellen. Andere werden, um ihnen das Eheversprechen abzupressen, von mehreren Männern auch draußen, im Wald, überfallen. Ein anderer wurde sogar «mit Gewalt und gegen seinen Willen in seinem eigenen Haus gepackt und auf dem Bett, in dem er schlafend lag, durch einige Männer in das Haus einer gewissen Helvigia Styls getragen und dann auf diesem Bett, mit Gewalt, nackt mit der Frau zusammengetan».[79] Daß wir hier immer nur die eine Seite vernehmen, sei noch einmal hervorgehoben.

Andere mußten zu einem Ehegatten nicht genötigt werden, ja sie konnten nicht genug davon bekommen. Ida aus der Diözese Lüttich hatte nach dem Tode ihres Mannes gelobt, keinen anderen mehr zu heiraten, konnte dann aber doch nicht widerstehen. Als auch dieser zweite Mann starb, hatte sie abermals das Gelübde abgelegt, nicht mehr zu heiraten. Da starb auch er, und nun hat sie den dritten Mann.[80] Oder es gibt Frauen, die noch nach Jahren einen Priester, ihre Jugendliebe, wegen eines (wirklichen oder angeblichen) Eheversprechens verfolgen.

Heiraten konnten auch daran scheitern, daß man sich nicht über die Mitgift einigte. Ein Kölner Patriziersohn erwartete, wenn er Ariana heirate, vom künftigen Schwiegervater eine Mitgift von nicht weniger als 7500 rheinischen Gulden. Als herauskam, daß der eine solche Summe gar nicht zusammenbringen könne, machte der Bräutigam ihm das Angebot, statt einmalig 7500 flor. nun 4000 flor. in Jahresraten zu 300 flor., dann weitere 1000 flor. mit jährlich 60 flor. zu zahlen. Als auch das nicht ging, verzichtete er lieber ganz.[81]

Kinder kamen natürlich auch ohne Ehe. Mit rührender Umständlichkeit wird erzählt, wie hilflos der Geistliche in Memmingen war, als ihm das Ergebnis der Beziehung in die Hand gedrückt wird. Erst hatte (man muß das so umständlich wiedergeben, wie es erzählt wird) die Frau die Frühgeburt getauft und, gut in Windeln gewickelt *(panniculis bene involvit)*, aus Angst vor Eltern und bösen Zungen an einem dunklen Ort im Keller des elterlichen Hauses versteckt. Dann hatte der Mann, beim nächsten Stelldichein mit der Nachricht von der Geburt überrascht, das Kind auf den Arm genommen, um es auf Rat der Frau aus dem elterlichen Haus fort zu einer Amme zu bringen. Aber weil draußen Leute standen und herumgingen und das Kind laut zu schreien anfing *(alta voce exclamare incepisset)*, ging das nicht, und er legte es, unter Aufsicht der Mutter, in das Kellerversteck zurück. Am frühen Abend nahm er den Säugling wieder, verbarg ihn unter dem Mantel und verließ das Haus. Doch inzwischen waren die Stadttore geschlossen, er konnte das Kind an niemanden loswerden, und damit es wegen seiner Schmächtigkeit, da zu

Abb. 5. Die Gesuche schildern zwischenmenschliche Beziehungen in allen Abstufungen, bis hin zum Gattenmord. Die Szene hier, Gattenmord im luzernischen Ettiswil (1503), spielt in der Schlafkammer eines bessergestellten Haushalts: Wände, Decke und Boden aus Holz, die Tür mit Griff und Verschluß, das Fenster mit Bretterladen, die Bettstatt gedrechselt. An der Wand ein Andachtsbild, vermutlich ein kolorierter Holzschnitt. Bilderchronik des Diebold Schilling (sog. Luzerner Schilling, 1513).

früh geboren, nicht stürbe, ging er zur Kaplanei neben dem Friedhof der Spitalkirche, wo Kinder zum Stillen hingebracht werden, und stellte – aus der Überlegung, daß da immer eine Lampe brenne, die nicht ausgehen dürfe, und darum regelmäßig Leute zum Aufpassen kommen – das Kind gut gewickelt auf den Altar in der Meinung, da werde es bald gefunden werden, und ging weg. Tatsächlich kam ein Spitalbruder kurz nach Mitternacht – aber er fand das Kind tot.[82]

Auf den (der Quellengattung entsprechend) bisweilen etwas unorthodoxen Wegen in die Ehe hinein geht es auch wieder aus ihr heraus. Entfremdung, Seelenqualen, Ehebruch, all das muß dann in Worte gefaßt (und von einem kirchenrechtlich versierten Prokurator womöglich in aussichtsreiche Form gebracht) werden. Entzweiung in allen Abstufungen bis hin zum Gattenmord (Abb. 5). Ein Ehemann merkt mit der Zeit, daß seine Frau *admiratores*, ‹Verehrer› hat; ein anderer, daß seine Sandrina schon zwei Monate nach der Heirat Zwillinge bekommt (aber nicht von ihm); eine Ehefrau versucht den ehebrecherischen Trieb ihres Mannes zu dämpfen, indem sie ihm, auf Rat einer anderen, einen Stein ins Bett legt, den sie vom Priester hatte besprengen, salben und segnen lassen.[83]

‹Seelische Grausamkeit› hat eine Gräfin zu erdulden, deren Mann

> «so viel Grausamkeit, Unrecht und Schande auf sie häufte, daß sie ihres Lebens nicht mehr sicher war und deshalb ihren Mann verließ und zu ihren Eltern zurückkehrte und dort mehrere Jahre blieb. Dabei sei sie, wenn Hugo ihr wenigstens das Leben garantiert hätte, bereit gewesen, zu ihm zurückzukehren und ihn mit ehelicher Liebe zu behandeln, was sie ihm auch oft angeboten habe»; aber der habe sie nur beschuldigt und vor Gericht gezogen.[84]

Einfallsreich, mit einem Blanko, gedachten Bartholomeus und Anna ihr ehebrecherisches Verhältnis in eine Ehe zu überführen. Noch zu Lebzeiten des (betrogenen, aber ahnungslosen) Ehemanns

> «gab Bartholomeus seiner Anna einen selbst geschriebenen, aber nicht gesiegelten und nicht datierten Papierzettel *(cedulam papiream non sigillatam nec datatam)*, auf dem geschrieben stand: der Ehemann sei gestorben und er, Bartholomeus, habe die Anna geheiratet – obwohl das doch gar nicht stimmte. Aber er tat das mit der Absicht, in diesem Schriftstück nach dem Tode des Ehemannes das Datum einzusetzen und Anna zu heiraten».

Nun war der Ehemann tatsächlich an der Pest gestorben, und sie heirateten (sollten das Eheversprechen aber erneuern und ihre Unschuld am Tode des andern nachweisen).[85]

ENTHALTSAMKEIT. Wenn ein Ehemann Priester zu werden gelobte, manchmal sogar ohne Zustimmung, ja ohne Wissen der Frau (was kirchenrechtlich nicht zulässig war, aber vorkam[86]), blieb, zu einer gültigen Trennung der Ehe, der Frau nur der Eintritt in einen Orden oder wenigstens das Gelöbnis, künftig enthaltsam zu leben. Als er schließlich erfuhr, daß seine Jutta keine Jungfrau, sondern schon Witwe gewesen sei, entsann sich ein Mann seines frühen Gelübdes, Priester zu werden, und trennte sich von der inzwischen 60- (und nun 73-)Jährigen, die fortan enthaltsam zu leben gelobte.[87] Oder es wurde, wenn an der jungen Frau nichts auszusetzen gewesen war, unschön mit ihrem jetzigen Alter argumentiert. Da seine Elisabeth nicht mehr gebärfähig sei «und von solchem Alter, daß an ihrer Enthaltsamkeit nicht zu zweifeln ist», wolle er nun Priester werden. Auch ein anderer macht es zweistufig: als seine Frau unansehnlich geworden ist, «so krankenhausreif und alt, daß kein Zweifel wegen ihrer Unenthaltsamkeit aufkommen könne» *(adeo valetudinaria et antiqua existat, quod nulla de eius incontinentia suspitio exoriri possit)*, gibt er sie und den Laienstand auf.[88]

Mit der Enthaltsamkeit der Geistlichen selbst war es freilich recht unterschiedlich bestellt (wobei in Erinnerung gerufen sei, daß es vor diesem Tribunal nicht um *continentia*, sondern um *incontinentia* ging und diese Fälle entsprechend gehäuft auftreten). Ein Kanoniker aus Cividale, noch in den niederen Weihen, legt ein ganzes Leporello seiner Frauengeschichten vor: mehrere Frauen mehrmals, verheiratete wie unverheiratete, dazu etliche Nonnen aus zwei verschiedenen Klöstern der Stadt, und dann, obwohl er Besserung geschworen hatte, noch eine verheiratete Frau (neben Würfelspiel und Lästern der Madonna).[89] Ein Kleriker aus Reval soll keck gesagt haben, in ganz Dorpat gebe es keine fünf ehrbaren Frauen (und das wollte die Stadt nicht auf sich sitzen lassen). So rigoros wie der Prokurator eines niederländischen Zisterzienserinnenklosters, der in ein Männerkloster versetzt werden wollte «wegen der vielen Versuchungen, die im Umgang mit den Nonnen über ihn kämen», waren andere nicht.[90] Die unterschiedlichsten Fälle werden genannt.[91] Dabei scheint es sich oft mehr um längere Beziehungen als um einmalige Akte gehandelt zu haben. In einigen Fällen griffen Laien zur Selbstjustiz und entmannten den Geistlichen.[92]

Es gab sogar Priester, die die Pflicht zur Enthaltsamkeit überhaupt leugneten. In einem Dorf der Saalegegend kommt es nach der Messe bei einem Essen unter Priestern zu einer heftigen Diskussion über die Frage, ob es der Lebensgefährtin *(concubina)* des Pfarrers gestattet gewesen sei, an der Messe – wie soeben geschehen, als der Pfarrer zelebrierte – teilzunehmen. Denn bei der Priesterweihe verspreche man ja dem Bischof, enthaltsam zu leben. Das bestritt mit Entschiedenheit *(omnino negabat)* ein anderer Priester: er sei an der römischen Kurie geweiht worden, und bei dieser Weihe habe kein Priester Enthaltsamkeit versprochen – und schon setzt es die erste Ohrfeige *(alapa in facie)*, bis zuletzt die in den Kampf eingreifende Lebensgefährtin tot am Boden liegt.[93]

GEMÜTSLAGEN. DEPRESSIONEN, KOMPLEXE, ZUSAMMENBRÜCHE. Auch wenn die *narrationes* in der Regel direkt auf das Faktum der Verfehlung zusteuern, werden bisweilen gleichwohl Befindlichkeiten des Gemüts angedeutet oder sogar ausgedrückt: Kummer und Depression, Minderwertigkeitsgefühle, Enttäuschung über ein verpfuschtes Leben, das bittere Gefühl der Zurücksetzung, Mobbing durch den Vorgesetzten, Qualen der Eifersucht. Ein Küster findet bei dem üblichen Essen nach dem Leichenbegängnis wegen der vielen eingeladenen Gäste dieses eine Mal keinen Sitzplatz am Tisch des Pfarrers und will sich für diese vermeintliche Zurücksetzung nun am Pfarrer rächen.[94] Ein Mann wird aus Klerikermangel in einem Dorf zum Glockenläuten und anderen Diensten herangezogen, stellt sich dabei – so gebildet er auch sein mochte: *laicus litteratus* – aber so ungeschickt an, daß der Pfarrer schließlich die Beschwerden der Leute, und der Hilfsküster nicht mehr das Schimpfen des Pfarrers erträgt und mit seiner Frau auf den Pfarrer losgeht. Ein anderer wird von seinem Pfarrer derart diffamiert, daß er darüber in Trübsinn verfällt *(in malinconiam mentis insanie)* und schließlich tätlich wird.[95]

In einer schrecklichen Situation sah sich ein Kleriker der Diözese Sitten. Er berichtet, unter eindringlichen Beteuerungen seiner Rechtgläubigkeit, aus einem Alpental des Wallis, wie

> «seine Mutter durch einige ihrer Feinde fälschlich und ungerecht der Häresie beschuldigt und – nicht durch Rechtsverständige oder Theologen, sondern: – durch sie, die Laien selbst, die der Frau auch keine Verteidiger zugestehen wollten, verbrannt wurde.»

Da war er zwei Jahre alt, als die Mutter auf den Scheiterhaufen kam, und nun fürchtet er, von daher könne ein Schatten auch auf ihn fallen und bezweifelt werden, daß er ein geistliches Amt ausüben und Pfründen empfangen könne.[96]

Wieder andere fressen den Kummer in sich hinein, bis er eines Tages in ihnen explodiert: der Priester, der aus Verzweiflung Selbstmord begehen will; der Priester, der zwei Ställe und eine Scheune angezündet hat;[97] der Priester, der sich ungerecht angeklagt fühlt, dem Bischof von Konstanz darum von seinen Verwandten Fehdebriefe *(litteras diffidatorias nuncupatas)* schreiben läßt und zu den Soldaten entläuft – ein Michael Kohlhaas im Priestergewand! Und deren gibt es mehrere: Fehdebrief eines Mönchs an den Rat von Pressath, und dann in einer Nacht 7 Scheunen angesteckt.[98]

Selbstjustiz übte auch (wieder mit leidlichem Ausgang, denn von den echten Kohlhaasen mit bösem Ausgang erfahren wir aus dieser Quelle nicht) ein Pfarrer im Baselbiet. Und das ist eine ganze Geschichte. Er hatte sich von einem Pfarr- und Beichtkind 6 rheinische Gulden geliehen, und die Frau hatte dafür sogar Besitz verpfändet. Ihr Mann vermutete dahinter Schlimmes und denunzierte ihn beim Bischof, und der ließ nun «dem Pfarrer und seiner Mutter, die bei ihm wohnte, 1 Pferd, Kühe, Schweine, Schafe, Enten, Hühner und anderes wegnehmen». Der wandte sich jetzt an den weltlichen Herrn (und Patronatsherrn seiner Kirche). Als dessen Intervention beim Bischof nichts fruchtete, sagte der Pfarrer erbittert dem Bischof Fehde an, legte sein geistliches Gewand ab, griff den Klerus an, erpreßte von den Geistlichen Gelder, nahm sie gefangen – bis er selbst gefangen wurde und für 5 Jahre im bischöflichen Kerker verschwand.[99]

Andere Menschen verlieren – ganz oder zeitweilig – ihre Selbstkontrolle. Etwa der Priester, der in einer Phase von Unzurechnungsfähigkeit eine Frau, gegen die er gar nichts hatte, mit eigenen Händen umbringt, bis ihm dann, als der Anfall von Wahnsinn, Raserei und Tollheit vorüber ist *(insania, furore et amentia cessantibus)* ins Bewußtsein kommt, was er getan hatte.[100] Da wird von Besessenen berichtet, die von den Angehörigen herbeigeschleppt werden und die, wenn der Exorzismus nicht gelingen will, tief in geweihtes Wasser getaucht wurden wie die Frau aus Stendal, die der Teufel dann, *ut pie creditur*, zwar anscheinend verließ, die aber nur noch sagte «Es ist vollbracht», *consummatum est*, und dann sogleich verschied.[101]

Seltsame Menschen treten auf: Der Kanoniker in Koblenz, der dabei ertappt wird, wie er nächtens die von seinen Mitkanonikern in ihren Haushöfen und Gärten liebevoll angelegten Hecken verwüstet.[102] Oder der widerliche Alte, der – «hinfällig, humpelnd, abstoßend» *(debilitatus, claudus et abhorrendus)* – trotz Hausverbots immer wieder frech in das Haus des Lübecker Klerus eindringt, durch seine Unverschämtheiten den Ekel *(nausea)* der dort wohnenden Geistlichen erregt, sie beim Singen stört, es immer toller treibt, ja sichtlich darauf aus ist, die Priester zu ärgern *(ad ipsis presbiteris displicendum fore obstinatum)* – und endlich beim letzten Rauswurf Schaden nimmt.[103]

Körperliche Mängel. Auch die körperliche Verfassung hat manchmal ihre Schadhaftigkeiten. Einen Blick auf die körperliche Erscheinung und ihre eventuellen Mängel erlauben die Bestimmungen des kirchlichen Weiherechts, die für die Aufnahme in den Klerikerstand nicht nur Anwärter mit geistigen und moralischen Mängeln ausschlossen, sondern auch körperliche Unversehrtheit vorschrieben, um Ausübung und Ansehen des geistlichen Amtes zu gewährleisten. Wer mit einem *defectus corporis* (wie Blindheit, Amputation, Buckligkeit u. ä.) behaftet war, mußte, um die dadurch eingetretene *irregularitas* aufzuheben und die Weihen empfangen (oder bereits empfangene weiter ausüben) zu können, um eine päpstliche Dispens einkommen.[104] Dabei mußten der körperliche Mangel und die Umstände, unter denen er zustande gekommen war, beschrieben werden, so daß Menschen in unser Blickfeld treten, die von ihren Gebrechen und ihren Mißgeschicken erzählen.

Wie er an sein Holzbein kam, schildert ein Priester aus Franken so:

> «Als er einst zu Pferde in Geschäften unterwegs war, scheute sein Pferd, weil zufällig einige Ochsen entgegenkamen. Er stürzte mit dem Pferd und brach sich ein Schienbein, das er sich, auf den Rat erfahrener Chirurgen, nach vielen angewendeten Behandlungen absägen ließ. Anstelle des fehlenden Schienbeins ließ er sich später einen hölzernen Apparat anfertigen, mit dem er geht».[105]

In solchen Fällen wurde die Dispens gewährt, falls der Priester beim Zelebrieren ohne weitere Hilfe *(sine sustentaculo)* am Altar stehen könne: «Hat eine Deformation am linken Fuß, die ihn hinken läßt, aber er kann sich ohne Gefahr und ohne Aufsehen am Altar umdrehen und von dort ohne Stock weggehen, wenn es nicht weit ist».[106]

Anderen war der Gebrauch der Hand beeinträchtigt. Ein Mönch hatte sich an seinem Schreibpult ein Fingerglied abgeklemmt; oder abgeklemmt bei der Anlieferung eines Weinfasses, oder abgefroren bei großem Frost, oder jung in heißem Fett verbrüht.[107] Einer hat durch eine Sichel drei Finger verloren, «aber Daumen und Zeigefinger zum Halten, Erheben und Brechen der Hostie» seien noch da.[108] Ein anderer bittet um Dispens von seinem Buckel, den er «nicht durch seine Schuld, sondern von Natur habe von Kindheit an».[109]

Verminderte Sehfähigkeit ist ein besonders häufiger Anlaß.[110] «Aufgrund einer Krankheit bildete sich auf seinem rechten Auge eine weiße Schicht *(pellicula alba)*, so daß er damit zwar nicht mehr sehen konnte, aber es blieb doch ein gesundes Organ».[111] Oder es waren kleine Arbeitsunfälle: «Als er den Griff seines Messers mit Blei lötete, spritzte ihm ein Tropfen heißes Blei ins Auge» (er sah links nichts mehr, aber man erkenne das nicht); oder als er den Dorotheen-Altar mit frischem Baumlaub schmükken wollte, flog ihm beim Schnitzen an einem Zweig etwas ins Auge; oder bei Restaurierungsarbeiten im Kloster warf ihm ein Mitbruder zum Spaß Kalk ins Gesicht.[112] Häufig auch der *defectus corporis* an den Genitalien.[113]

Alter. Endlich die alten Menschen mit ihren Gebrechen, ihren Sorgen und letzten Lebenskorrekturen, wie sie sich in ihren Bitten um Dispense, um Lösung oder Umwandlung von Gelübden niederschlagen.

Etwa der alte Priester, der sich, aus augenblicklicher Not, mit 70 noch zum Eintritt in den Kartäuserorden entschließt, dem es aber, als die akute Notlage vorüber ist, damit nicht mehr so pressiert, so daß er nochmal einige Jahre wartet. Doch da will ihn, inzwischen 80 und bereits Pflegefall, keine von drei angefragten Kartausen mehr haben.[114] Ein anderer hatte den während einer Krankheit gelobten Eintritt in einen Orden nicht vollzogen und traute sich die Härten einer Ordensregel nun nicht mehr zu. Das glaubt man ihm gern, wenn man ihn, inzwischen 60jährig, seine Befindlichkeit beschreiben hört:

> «Seit langem arthritisch, stechende Schmerzen um die Wirbelsäule quer über den Rücken und die Hüften außen herab bis in die Fersen, *usque ad talos pedum suorum descendentes* [also wohl Ischias], so heftig, daß er manchmal nicht gehen kann; er leidet an Triefaugen und an häufigen Schmerzen von Blase, Muskeln und Gelenken und fürchtet, daß er künftig wahrscheinlich von Tag zu Tag noch verschiedene weitere Krankheiten haben wird».[115]

Oder der Priester, der keine Matutin mehr singen, der das Brevier nicht mehr lesen kann; der 80jährige Propst, der von sich sagt, er stehe nicht mehr im Verdacht fleischlicher Gelüste, und eine Pflegerin ins Haus nehmen will.[116] Bitter der Lebensabend eines 70jährigen, dem bei einem der damaligen Türkeneinfälle in Kärnten seine Frau, «Stütze seines Alters», geraubt wird, der daraufhin in einem Haus des Deutschen Ordens Unterkommen findet, dort aber betrügerisch *(seductus seu verius deceptus)* in den Orden gelockt wird, womit nun all sein Besitz an den Orden geht statt an seine Kinder. Und so will er hier raus, der vom Komtur erlittenen Schikanen und seiner Kinder wegen.[117]

Dann die alten Frauen. Sie können sich nur noch mit Worten wehren. Sitzt eine alte Frau allein in ihrem Haus auf einem Stuhl. Kommt ein Geistlicher, um für den Pfarrer die versprochenen Hühner zu holen, und sagt zu der Frau im Scherz, mit ihren 90 Jahren müsse sie doch mal ihre Sünden beichten. Die Frau hat vermutlich nicht richtig verstanden und reagiert mit harten Worten, worauf sie mit einem Fußtritt zu Boden befördert wird. Oder die alte Frau, die sich gleichfalls nicht zur Rede stellen läßt, daß sie nicht einmal an Ostern zur Beichte gehe, und dafür nach (wörtlich berichtetem) Wortwechsel vom Pfarrer geschlagen wird. Oder die 70jährige, die bei einem Exorzismus, als Gebete die Teufelsaustreibung nicht bewirken, kurzerhand nackt in ein Faß Weihwasser gesteckt wird, diese Prozedur aber nicht überlebt.[118]

Oder sie wünschen menschliche Kontakte zu halten, ihre Kinder zu sehen, ihre Freundschaften zu bewahren. Die alte Agnes Wurmserin, «in ihren Greisenjahren nicht mehr ganz bei sich» *(in annis senilibus quasi in decrepitu constituta)*, möchte gern das Klarissenkloster *«uff dem weyde»* vor den Mauern von Straßburg viermal im Jahr aufsuchen und dort übernachten dürfen, weil zwei ihrer Töchter Nonnen dieses Klosters sind (Besuchen ja, Übernachten nein, sagt Rom).[119] Die 70jährige, die mehrmals von einem Geistlichen freundliche Besuche empfängt, ihn aber zornentbrannt schlägt, als er sich, in ihrer Gegenwart, einer jüngeren Frau zuwendet und sie zu sich nach Hause einlädt.[120]

Gesellschaft

Nach den Schilderungen von Einzelschicksalen, die bisweilen ganze Menschenleben vor Augen führen, nun einige Bilder aus der Gesellschaft: Episoden, die (mehr synchron als diachron geschnitten) soziale Ordnung, berufliche Tätigkeit, menschliches Zusammenleben vor allem in der Stadt hervortreten lassen.

Die Lebenswelt der Stadt. Natürlich bildet sich städtische Gesellschaft nicht repräsentativ ab, ist die Überlieferungs-Chance in dieser Quellengattung recht ungleich verteilt: der Geistliche kommt darin mehr vor als der Laie, der säumige Zahler mehr als der pünktliche, der Arzt (weil eine Unachtsamkeit in seinem Metier besonders schlimme Folgen hat) mehr als andere Berufe. Aber die Auswahl, die diese Quelle trifft, ist wenigstens keine soziale, erfaßt keineswegs nur – wie Bert Brechts «Fragen eines lesenden Arbeiters» an historischer Überlieferung bitter feststellen – die großen Namen und die gehobenen Schichten:[121] die Autorität der Kirche reicht hinab bis zum letzten Kleriker, ihr Auge mißt auch den bescheidensten Fall.

In den hier geschilderten individuellen Schicksalen zeichnen sich Gruppenkonflikte ab (und werden zu eigener Rechtfertigung womöglich noch als vorgegeben bezeichnet): Laien gegen

Geistliche (‹Feinde der Geistlichen›), Bürger gegen Studenten (‹werde nicht ruhen bis er nicht ein oder zwei Studenten umgebracht habe›), usw.[122]

Stadt und Universität; Studentisches Leben. Lebhafte Szenen auf städtischen Straßen und Plätzen (Abb. 6) treten ins Blickfeld vor allem, wenn es um studentisches Leben mit seinen Auswüchsen und Gefährdungen geht – und dazu gab der Klerikerstatus vieler Studenten[123] in dieser Quellengattung regelmäßig Anlaß.

Daß es an mittelalterlichen Universitäten zwischen Studenten und Bürgern (und Polizei) oft zu Tätlichkeiten kam, ist bekannt. Auch an deutschen Universitäten ging es darin normal, nämlich hoch her. Weitaus am häufigsten sind die Fälle, in denen Studenten und Bürger nachts auf den Straßen aus irgendeinem nichtigen Anlaß aneinandergeraten und zuletzt einer tot auf dem Pflaster liegt: keiner will es gewesen sein, wenn die Pönitentiarie nun um eine Feststellung ersucht wird, der Vorfall sei für die Erlangung der (oder weiterer) Weihen kein Hinderungsgrund. Wegen der Häufigkeit ist die Schilderung der Umstände oft geradezu formelhaft: man sei einfach mit einigen anderen *recreationis causa,* zur Entspannung, vor den Mauern spaziert oder nachts nochmal durch die Stadt gezogen; dazu die üblichen Herunterspielungen («Wir haben zu ihm doch bloß ‹Guten Abend›, *bonum sero* gesagt»; «wir wollten schon schlafen gehen»; «ich bin sogar 2 oder 3 Schritte zurückgewichen»; «er ist mir von selbst ins Messer gelaufen», und ähnliches.[124] Ein Wort gibt das andere, dann wird mit Steinen geworfen, mit Pfeilen geschossen, mit Messern gestochen, mit Fäusten geschlagen.

Manchmal werden die Fronten genauer bezeichnet: da stehen nicht einfach Bürger gegen Studenten, sondern Handwerker

Abb. 6. Blick in das Straßenleben einer jener nordwesteuropäischen Gewerbe- und Handelsstädte, deren lebhaftes Treiben häufig Anlaß zu Gesuchen an die Pönitentiarie gab. Jean Fouquet oder Werkstatt. Widmungsblatt zu Boccaccio, *De casibus virorum illustrium*, Miniatur um 1460 (Ausschnitt). Bayer. Staatsbibliothek München, Ms Gall. 6.

(mechanici eorundem studentium inimici), Kürschner, usw.[125] Und natürlich auch Studenten untereinander: z. B. weil in der Burse der Wein ausgegangen und nachts draußen keiner mehr zu kriegen war – wird erklärend hinzugefügt –, und ein Student dann seinen eigenen Wein teurer abgeben wollte als das Gasthaus.[126] Und so geht das in vielen Universitätsstädten, in Freiburg, Rostock, Greifswald, Heidelberg usw., häufig Wien[127] (was nicht heißen muß, daß sich in Wien die Fälle statistisch gehäuft hätten: mit Statistik sollte man bei dieser Quellengattung vorsichtig sein).

Bisweilen werden nähere Umstände berichtet: so von den Rostocker Studenten, die bei ihrem lauten Abschiedsessen (dem sogenannten *Valete*, heißt es) abends von der Polizei belagert und, nach erfolgreicher Verteidigung des Lokals, auf dem Heimweg angefallen werden.[128] Oder von den Krakauer Studenten, die sich mit ihrem Professor vor den Verfolgern auf einen Friedhof flüchten; der Student in Greifswald (und nun Perugia), der in der Meinung, ein Streit sei beigelegt, den Gegner arglos auf der Straße anspricht: «Herr Baccalaureus, wie stehts mit uns?» *(quomodo stamus in factis nostris?)*.[129] Der Student in Rostock, der, getroffen niedersinkend, «mit den Füßen hierhin und dahin strampelt» *(huc atque illuc pedibus strepitando)*, während ein anderer mit nicht gezogenem Schwert ficht, *gladio non tamen evaginato* (oder war es nicht doch aus der Scheide, fragt sich die Pönitentiarie[130]).

Oder der Student in Erfurt, der mit den Kommilitonen «zur Entspannung» das Haus einer Erfurterin betritt und dabei in der Wohnung versehentlich mit dem Fuß gegen einen Blumentopf stößt. «Wer hat das getan?», ruft die Frau; sie bezichtigen einen weiteren Anwesenden, werfen ihm den Blumentopf ins Gesicht, und das Verhängnis nimmt seinen Lauf. Oder der Student, der bei einem Konflikt zwischen Studenten und Bürgern in Heidelberg vor Toresschluß noch schnell mit zwei Kommilitonen, die er am Markt bei der Heiliggeistkirche trifft, in die studentische Burse zurückwill, dabei von bewaffneten Bürgern gestellt wird und einen Mann niedersticht, der ihnen die Gasse versperrt, um sie jenen ans Messer zu liefern.[131] Man könnte diese Studenten mit ihren Namen noch in die Universitätsmatrikeln hineinverfolgen, oder die Graduierten in die Datenbank des Repertorium Academicum Germanicum[132], wenn man es darauf absehen würde, diesen Episoden noch einen festeren Rahmen zu geben.[133] (Abb. 7).

Von eingewurzeltem Haß gegen alle Studenten spricht auch diese Geschichte aus Basel. Johannes Ysabrech, Student aus der Diözese Chur, legt dar:

«Als er einst an der Universität Basel studierte, tat er Dienste für den Pfarrer von St. Martin. Der schickte ihn eines Nachts, Wein zu holen. Als er mit dem Wein zurückkam, fand er die Tür des Friedhofs, durch die er zum [Pfarr]haus mußte, verschlossen. Er klopfte an die Tür, das hörte ein städtischer Wächter, der die Nachtwache auf dem Friedhof versah. Als der erkannte, daß er Student sei, griff er an seine Waffe und fing an zu fluchen. Der Student bat, ihn in Frieden zu lassen, und entkam. Als der Pfarrer drei Tage später, nach einem Aderlaß, den Studenten wegen Arzneien losschickte, begegnete der Student, als er in die Stadt wollte, zufällig wieder diesem Aufseher. Als der den Studenten sah, begann er zu schwören, er werde nicht ruhen, bis er nicht ein oder zwei Studenten umgebracht hätte (*quod numquam desisteret* [nisi] *aut unum vel duos studentes interficeret*). Damit nicht genug, sagte er ihm, der Hl. Antonius solle ihn [mit seiner Antoniusfeuer-Krankheit] verbrennen; worauf der Student erwiderte: ‹Ich

Abb. 7. Studenten in der Vorlesung. Laurentius de Voltolina, Kolleg des Henricus de Alemania (Einzelblatt, um 1380). Staatliche Museen Preußischer Kulturbesitz, Kupferstichkabinett, Min. 1233

will aber nicht; doch wird er aber auch Dich verbrennen› *(comburet tamen et te)*. Als der Wächter das hörte, wurde er so wütend, daß er ein Messer zog …»

Und so kommt es schließlich, auf dem Friedhof, zum tödlichen Zusammenstoß.[134] Die Lokalisierung ist wichtig, denn die Tat geschieht an geweihtem Ort.

Aus dem Bürgerstreit hinweg in privatere Sphären führen andere Episoden. So wenn ein Student der jungen Universität Ingolstadt abends von seiner Burse ins Haus seiner Mutter geht und gemeinsam mit einem Verwandten regelmäßig die von ihnen gehörte Vorlesung repetiert *(hincinde audita lecture repetendo)*. Als er dann, zu ihrer Entspannung, mit einem Krug hinausgeht, um Wein zu holen, lauert da ein anderer Student, usw. (die friedliche Stille konzentrierten Lernens ist hier wohl auch geschildert, um die eigene Arglosigkeit hervorzuheben).[135]

Auslandsstudium. Und so hören wir, auch wenn die Suppliken es auf anderes absehen, beiläufig Studiensituationen und Lebensumstände heraus: Wechsel der Universität (*ius civile* erst in Greifswald, dann in Perugia); Studium der *artes* erst in Heidelberg, aber dann nicht – wie er geschworen hatte – Abschluß dort, sondern an der jungen Universität Basel, weil er nur dort Verwandte habe;[136] der schwierige Weg zum Studienort (der eine war auf dem Weg zum Studium in Köln angefallen worden, der andere hatte auf dem Weg zum Studium in Bologna Tirol nicht vermeiden können, und das stand gerade unter Interdikt);[137] das Gefühl der Gefährdung in der Fremde (Ordenseintritt gelobt auf dem Krankenbett in Pavia, im Kerker von Bologna);[138] die spezifische Situation studienwilliger Geistlicher (z. B. Lösung von der Residenzpflicht bei mit Seelsorge verbundenen Ämtern), und anderes mehr.

Oder das Auslandsstudium aus Armut abgebrochen und dort Soldat geworden. Ein Graubündner hatte in Frankreich studiert, war aber so arm, daß er das Studium nicht fortsetzen konnte und sich darum Landsleuten anschloß, die als Söldner in Frankreich kämpften. Dabei rückte er – als Student konnte er ja schreiben – zum Schreiber eines Hauptmanns auf, war aber immer vorsichtig, *semper cavit et cautus fuit* (beteuert er), daß er keinen totmache. Nur daß er einmal dem Hauptmann geraten habe, nicht allein, sondern mit seinen Söldnern *(non solus sed comitatus cum ... stipendiariis)* eine Festung anzugreifen, und dabei habe es allerdings Tote gegeben.[139]

Wie häufig Deutsche in Italien studierten, schlägt sich auch in dieser Quelle nieder. Streit zwischen Studenten und Bürgern oder städtischen Behörden konnten sie dann auch hier erleben, in Pavia, oder in Siena. Da erzählt einer, wie er dort, aus seinem Studentenzimmer im Obergeschoß, ängstlich mitverfolgte, wie die Polizei gewaltsam in das Erdgeschoß des *Collegium Sapientiae* eindrang und ein Studentenzimmer aufbrach, worauf die Studenten, empört über die Verletzung der Autonomie des Kollegs, zu den Waffen griffen und sich blutig wehrten (er aber lieber oben blieb).[140] Auch die Universität Rom wird zeitweilig häufiger genannt, wobei zwischen *Studium Urbis* und *Studium Curiae* zu unterscheiden ist.[141]

Hier einige Szenen aus der Universität Bologna. Da kommt eines Tages ein Priester vor seinem Haus mit dem Pedell der Universität (mit dem treffenden [Über]namen Dominicus *de Libris*) ins Gespräch und fragt ihn beiläufig, wie er in seinem Amt denn so mit den Studenten der Universität auskomme (*qualiter in exercitio sui officii se habebat cum scolaribus dicte universitatis)*. Gut, antwortet der Pedell, nur der Deutsche Walter sei ihm feind. Da der gerade vorbeikommt und, in Begleitung, ein Haus nebenan betritt, stellt er ihn gleich zur Rede. Schon setzt es die erste Ohrfeige, und das Unheil nimmt seinen Lauf. Ein anderer, aus Friesach in Kärnten, erzählt, wie er als Bologneser Student einmal auf dem Weg nach Florenz für einen Polen gehalten *(pro Polono habitus et tenutus)* wurde, «obwohl er Polen noch nie gesehen habe». Ein blöder, unseliger Richter *(fatuus infelix)* sperrte ihn ein, im Kerker ritzte er sich verzweifelt mit dem Finger ein Kreuz in die Wand und tat ein Gelübde; auch bei der Folter sei nichts herausgekommen, und als endlich jemand bezeugen konnte, er sei gar kein Pole, kam er frei.[142]

Ein Student aus Groningen wohnte, wie manche Studenten, in Bologna bei seinem Professor und erzählt aus dessen Haushalt die folgende dürftige Szene (die für ihn aber von Bedeutung war, weil daraus ein körperlicher Defekt erwuchs, der als *irregularitas ex defectu* die Priesterlaufbahn beeinträchtigen konnte[143]):

> «Als er an der Universität Bologna studierte und dort bei einem Doktor, der Vorlesungen im kanonischen Recht las, untergekommen war *(in expensis staret)*, da rückte ein Diener dieses Professors einmal so am Eßtisch, daß alles, was auf dem Tisch stand, wackelte. Dabei fiel auch ein Glas herunter, er wollte es fassen und verletzte sich daran seine rechte Hand».

Nach einem halben Jahr geht er mit der geschwollenen Hand endlich zum Bader, der schneidet ihm, auf der Suche nach eventuell verbliebenen Splittern, ungeschickt die Sehnen des Zeigefingers durch, ein anderer *cirurgicus* macht es auch nicht besser, usw.[144]

Beruflicher Leben. Auch das berufliche Leben tritt in vielen Episoden hervor. Denn in der Stadt hatten viele viel zu tun, machten sich viele viel zu schaffen. Er sei mit Schreib- und anderen Arbeiten derart ausgefüllt *(in scribendo ac aliter occupatus est ita)*, daß er der ihm auferlegten Buße, Zeit seines Lebens jeden Tag 7 Psalmen samt den Litaneien zu sprechen, unmöglich nachkommen könne, argumentiert ein Schreiber des Bischofs von Olmütz / Olomouc.[145] Jede Sonntagsarbeit anzuzeigen hatte sich ein Villacher vorgenommen, aber er mußte einsehen, daß er sich bei seinem Eid übernommen hatte (vgl. Abb. 8); daß Notare am Feiertag nicht ihren Beruf ausüben sollten, war in ihrem Statut in Udine auf Betreiben eines Franziskaners festgeschrieben – aber schon bald wieder aufgegeben worden.[146]

Da tritt, unter der Fülle der Berufe, der Kaufmann auf: hatte er, wie ihn die Gläubiger beim Stadtrat verdächtigten, seine Rechnungsbücher manipuliert und Schulden durch einen Federstrich getilgt oder verändert *(delevit et aliqua etiam apponi fecit)*?[147] Daneben Handwerker, Lehrer, Musiker.[148] Sogar der damals jüngste aller Berufe wird bereits genannt: der Beruf des Buchdruckers – ein Beruf so neu, daß er ohne zünftischen Zwang war und Erasmus sagen konnte, Buchdrucker zu werden sei leichter als Bäcker.[149] In einer südwestdeutschen Stadt, so beginnt die Rahmenhandlung eines Totschlags, «saßen eines Abends in einem Gasthaus einige Buchdrucker zu ihrer Entspannung beim Essen

Abb. 8. Das ganze Inventar handwerklicher und bäuerlicher Geräte findet sich beim sogenannten ‹Feiertags-Christus›. Dieser auf das spätmittelalterliche Mitteleuropa beschränkte, ganz der volkstümlichen Malerei vorbehaltene Bildtypus zeigt Christus umgeben von zahlreichen Werkzeugen und will dem Betrachter handgreiflich vor Augen führen, daß sonntägliche Arbeit mit diesen Geräten Christus martert, seine Wunden abermals zum Bluten bringt. In diesem Fall erkennt man Schere, Forke, Spaten, Wiegemesser, Ahle, Beil, Hobel, Sense, Kelle, aber auch Flachsbreche, Weberschiffchen, Armbrust usw. Saak (Kärnten), Pfarrkirche St. Kanzian, Fresko (um 1465).

zusammen ...», und von dieser «Stube im Wohnhaus der Drukker» *(stuba domus impressorum habitationis ipsorum)* nimmt der Streit seinen Ausgang.[150] Und von einem besonders produktiven deutschen Frühdrucker in Rom, der es dort auf über 100 Druckwerke bringt – von Seneca über Thomas von Aquin bis zu Pilgerführern –, von Bartholomeus Guldinbeck, erfahren wir, daß er eine ehemalige Dominikaner-Tertiarierin geheiratet und mit nach Rom gebracht hatte.[151]

Der Arzt. Hier sei nur ein Beruf herausgegriffen, der die Pönitentiarie häufiger beschäftigte, da er, auch von Geistlichen ausgeübt, Menschen an Leib und Leben schädigen konnte: der Beruf des Arztes. Die Verbindung von Arztberuf und Klerikerstand war von der Kirche denn auch nicht gern gesehen, ja eine Dekretale Gregors IX. untersagte Inhabern der höheren Weihen, die *chirurgiae ars* auszuüben.[152] Vor allem Sektionen und Amputationen waren ausgeschlossen: Ärzte-Heilige wie die Hll. Cosmas und Damian durften das können, Ärzte-Kleriker nicht (Abb. 9). Ein Pfarrer und graduierter Mediziner schrieb nach Rom, er könne von den geringen Einkünften seiner Pfarrkirche nicht leben, er möchte darum, weil *in arte cirurgica expertus,* die Chirurgie ausüben dürfen, und das gehe ja nur mit Erlaubnis des Hl. Stuhls. Aber nur solange Du es finanziell nötig hast, und nur wenn Du es ohne Amputationen machst, antwortete Rom.[153]

Zahlreich die studierten Ärzte und zugleich Kanoniker (in Meißen, in Zeitz, in Erfurt usw.), die sich deshalb an Rom wandten.[154] In der Regel ging es darum, daß ein Kleriker und Arzt um Feststellung oder (zu weiterer Ausübung) um Dispens bat, daß sich Klerikerstatus und Arztberuf in seinem Fall nicht ausschlössen, wobei die Zuversicht hervorgekehrt wurde, bei seinen Therapien sei ihm nichts Schlimmes unterlaufen. Oder der Apo-

ABB. 9. Amputationen und Sektionen waren Klerikern unter den Ärzten nicht erlaubt. Die Ärzte-Heiligen Cosmas und Damian hingegen amputieren hier einem schlafenden Patienten das kranke Bein und ersetzen es durch das Bein eines soeben verstorbenen Schwarzen. Die von der *Legenda aurea* aus dem Rom des 6. Jhs. berichtete Transplantation ist hier verlegt in ein gepflegtes toskanisches Interieur des Quattrocento. Fra Angelico, Pala di S. Marco, Predella (um 1440). Von den in 5 verschiedene Museen geratenen 9 Predellentafeln ist diese in Florenz, Museo di S. Marco.

theker, der «auf Anweisung von Ärzten und auch aus eigener Kenntnis und Praxis» Medizinen zubereitet hatte in der Hoffnung (aber nicht Gewißheit, *forte contrarium evenit*), das sei gut gegangen.[155] Manche Eingaben formulierten noch vorsichtiger, ja sprachen nicht von Eventualfällen, sondern bezogen sich auf konkrete Todesfälle bei behandelten Patienten.[156]

Geradezu erschreckend ist die Serie mißglückter Operationen, an die sich ein Mönch erinnert, der in jungen Jahren Ärzten bei Eingriffen assistiert hatte, etwa

> «einem Chirurgen *(cirologus)* assistiert, als der einem am Stein leidenden Jungen den Leib aufschnitt; der Junge, so aufgeschnitten *(taliter incisus)*, war nach wenigen Tagen tot. Dann riet er einem, der einen Bruch hatte, sich von seinem Meister operieren zu lassen, aber der starb nicht lange nach diesem Eingriff. Dann diente er einem anderen Arzt beim Aufschneiden kranker Stellen öfters als Assistent, reichte die Instrumente, hielt das Licht, und leistete andere Zuarbeit – aber an diesen Operationen starben hintereinander drei. Dann denkt er noch an zwei Männer, die von einem Sturz tödlich verletzt waren und die Sprache verloren hatten, die kurz darauf starben.» Dann trat er ins Kloster ein.[157]

Mit dem Urteil der Ärzte wird gern argumentiert (und, umgekehrt, von Seiten der Pönitentiarie gegebenenfalls eine ärztliche Stellungnahme angefordert[158]), wenn es darum geht, die eigene Schuld am Tode des andern zu vermindern: die Wunde sei gar nicht tödlich gewesen *(chirurgici dicebant vulnus letale non esse)*, oder: der andere sei selber schuld, denn hätte er auf die Ärzte gehört und die Wunde nicht der Luft ausgesetzt[159] (oder: nicht das verbotene Salzfleisch gegessen, nicht die verschriebene Medizin verschmäht, nicht zweimal Bäder aufgesucht, nicht so unordentlich gelebt und gesoffen[160] usw.), dann wäre er noch am Leben.

Oder noch besser: die Wunde war vielleicht nicht so schlimm, aber die Ärzte waren nicht gut. Aber auch ohne «vielleicht»: «aus Unerfahrenheit des Chirurgen und anderer hinzukommender Krankheit», das habe der Verstorbene in seinem Testament vor Notar und Zeugen sogar ausdrücklich bekannt![161] Und dann wird womöglich geschildert, wie unprofessionell die Kopfverletzung versorgt worden war: «Als der Chirurg mit einem eisernen Instrument die Wunde untersuchen wollte, kam er mit dem Eisen viel zu tief in die Wunde hinein, erweiterte sie, und zerstörte unvorsichtigerweise die Hirnhaut» *(cerebri pelliculam)*.[162] Oder es mißlang «durch Unerfahrenheit eines Leinewebers, der von Chirurgie überhaupt keine Ahnung hatte», wie ein richtiger Chirurg dann festgestellt habe. Wenn man einen «richtigen» Arzt überhaupt fand: in Graubünden gebe es nicht viele Chirurgen *(quorum copia in partibus illis non habetur)*, da könne auch so eine Wunde schon tödlich werden.[163]

Zwischen Anatomie und Magie. In diesem Zusammenhang sei – auch um das Schreckensbild solcher Chirurgie ein wenig aufzuhellen – darauf hingewiesen, daß die Pönitentiarieregister auch schon die Erlaubnis für das Sezieren von Leichen enthalten. Von Graf Eberhard von Württemberg, der 1482 mit Johannes Reuchlin in Rom war, für seine junge Universität Tübingen erwirkt, erhielt die medizinische Fakultät früh die Möglichkeit, für die anatomische Praxis *(praxi anatomie)* die Leichen Hingerichteter zu beschaffen und zu sezieren *(scindi etiam dismembratim dividere)*.[164]

Neben der ärztlichen Kunst steht die Magie, und nicht nur zur Lösung gesundheitlicher Probleme. Ein Geistlicher in Den Haag, dem Geld gestohlen worden war, wandte sich an einen Zauberer *(sortilegus seu incantator)*, der ihm mit Teufelsmagie wieder zu seinem Geld verhelfen wollte. Um dem Verlust von Gesundheit und Besitz entgegenzuwirken, den ein Mann in Görlitz bösem Zauber zuschrieb, setzte er nun seinerseits Hellseher und Zauberer, *divinatores et sortilegos*, ein, die, in seinem Hause grabend, tatsächlich Zauberamulette *(ligaturas)* fanden.[165] Einen Zauber mit besonderem Objekt gesteht ein Pfarrer im Wallis: er gab in seiner Pfarrei

> «einer kranken Frau auf deren Bitte ein ganz kleines Stück von der Kirchenglocke,[166] das er herausgebrochen hatte – nur halb so groß wie eine Erbse – pulverisiert ein *(ad quantitatem unius medii piselli per eum ruptam dedit eidem pulverizandum)*, wie der Frau geraten worden war, daß, wenn sie das einnähme, sie von der Krankheit befreit werde»

– aber die Pfarrgemeinde, mit der er schon seine Probleme hatte, merkte, daß da nun ein Stück fehlte.[167]

Mehr Giftmischer als Zauberer, aber mit geheimnisvollen Rezepturen, ist ein Mönch, der im Freiburger Augustinerkloster zwei Mitbrüdern «Auripigment in Pulverform *(opprimentum pulveratum)*, d. h. eine Art Gift, in Senfsoße *(in sinapato sive mostardo)* mehrmals bei Tisch servierte, aber die wollten nichts davon.» Daraufhin versuchte er es mit «mehreren Spinnen in einem Topf *(plures araneas insimul in una olla)* aufs Feuer gebracht und dann zerstoßen …, mit lauwarmem Wasser den Mitmönchen ins Weingefäß getan» – aber auch das wirkte nicht *(nichil eis nocuit)*. Ein anderer im gleichen Konvent versuchte es mit zerstoßenem Glas und nur einer Spinne[168].

Oder unter Laien. Einer war Diener eines Bürgers in Wien gewesen, dessen Frau hatte ihn zu einem Spezereihändler geschickt, um «ein Gift namens ‹rigat› zu kaufen». Er habe sie erst einmal gefragt (behauptet er), wozu sie das Gift denn haben wolle, und als sie sagte, «um Köder zum Vergiften von Mäusen zu machen», ging er und holte das Gift. Bevor er es ihr aushändigte, sagte er noch, sie werde damit doch wohl nichts Böses anfangen. Sie sagte, er sei blöd *(quod erat fatuus)*, den Mäusen wolle sie es geben! Doch wer wenige Tage später stirbt, ist der Ehemann – und nun fällt der Verdacht auch auf ihn.[169]

Irgendwo zwischen Magie und Bergbau spielt die folgende Geschichte vom Schatzsucher, dem es in Thüringen schlecht erging, als der Erfolg ausblieb. Ein Geistlicher dort erzählt, daß

> «einst ein Mann mit seinen Leuten hierher kam und anbot, er könne verborgene Schätze aufspüren, die es in dieser Gegend gäbe *(thesauros absconditos in eisdem partibus existentes se posse invenire proposuit)*. Eine Frau, die sich reichen Gewinn davon erwartete, lieh dem Mann eine gewisse Summe Geld. Der Mann ging nun in die Stadt *Konungesse*, die in der Herrschaft des Grafen von Schwarzburg liegt [Königsee bei Rudolstadt], um hier sein Vorhaben auszuführen. Als die Frau das hörte, ließ sie, um nicht um ihr Darlehen betrogen zu werden, den Geistlichen [und Verfasser der Bittschrift] bitten, an ihrer Stelle in diese Stadt zu gehen. Das tat er auch und blieb dort einen Monat. Die Kunde von all dem kam dem Grafen zu Ohren, und auch er ging zu dieser Stadt. Nachdem jener Mann in seinem Vorhaben einen Monat lang nichts zuwege gebracht hatte, ließ der Graf verärgert sogleich die ganze Belegschaft dieses Mannes ins Rathaus der Stadt rufen und befahl ihnen, sie sollten diesen Mann gefangennehmen und verbrennen; täten sie das nicht, werde er sie alle dieselbe Strafe erleiden lassen *(si non facerent, ipsos omnes eadem pena puniri facere vellet)*. Diese Leute wählten nun zwischen zwei Übeln das kleinere … und führten den Mann zum Scheiterhaufen. Der Geistliche, den man beschuldigte, er gehöre auch zu diesen Leuten, wurde genötigt, Holz zum Scheiterhaufen zu tragen …»[170]

Da gibt es keine Venedigermännlein, die mit kleinen goldenen Hacken verborgene Schätze aus der Tiefe des Berges fördern – das ist brutale Wirklichkeit: entweder du findest etwas wie versprochen, oder du bist ein toter Mann.

STÄDTISCHE OBRIGKEIT. VERANTWORTUNG UND STRAFGEWALT. Die städtische Obrigkeit erscheint in vielen ihrer Funktionen. Aber einmal erfahren wir aus dem Munde eines Lokalpolitikers sogar von der Gewissensnot, die ihn dazu bringt, sein Mandat niederzulegen. Der Aachener Ratsherr Johannes Ekebron führt aus,

> «daß er, als er einst das Ratsamt und einige andere Ämter dieser Stadt übernahm, er die Ausübung dieser Ämter versprochen und beeidet habe. Nach langer Amtserfahrung erkenne er, daß er gegen sein Gewissen genötigt sei, die üble Gesinnung einiger Bürger, die er kraft Amtes eigentlich korrigieren und zurechtweisen müßte, geduldig zu ertragen und wegen der Parteiung, Zwietracht und Gruppenbildung *(partialitas)* dieser Bürger und auf ihr lautes Drängen häufig in der Amtsausübung gezwungen sei, Dinge zu tun, die gegen die guten Sitten, nicht erlaubt und rechtlich nicht zulässig seien *(que sunt contra bonos mores, illicita et a iure reprobata)*, so daß er ohne Schaden für sein Seelenheil seinen Eid nicht befolgen könne. Aus diesem Grunde beabsichtige er, diese Ämter niederzulegen, so daß er nicht weiter gezwungen sei, diese oder andere städtische Ämter auszuüben. Da Eide nicht dafür geschaffen seien, an Unrecht zu binden»[171], bittet er um Lösung vom Eid.[172]

Es ist die Lösung vom Eid, die den Fall vor die Pönitentiarie bringt. Denn die Kirche beanspruchte, da der Eid eine Anrufung Gottes zum Zeugen für die Wahrheit einer Aussage oder die Aufrichtigkeit eines Versprechens war, die Zuständigkeit der kirchlichen Gerichtsbarkeit in allen Eidesdelikten.[173] Dabei erscheinen, besonders bei Laien, in diesen Gesuchen häufig Fälle, bei denen der Eid nicht aus freiem Willen geleistet, sondern – durch die siegreiche Partei, oder durch die Obrigkeit – in der Haft erzwungen worden war, um das Versprechen abzunötigen, einen Streitfall nicht weiterzuverfolgen (einen Entscheid nicht anzufechten, eine Rückerstattung von Besitz oder [Löse-]Geld nicht zu verlangen, auf Rache zu verzichten, usw.): die sogenannte Urfehde, eidlich bekräftigter Verzicht auf weitere Gewalt, etwa in Form der Fehde.

Da die Verbindlichkeit des erzwungenen Eides kirchenrechtlich umstritten war, entsannen sich die Betroffenen gern dieser Möglichkeit, sich durch einen kirchlichen Richter von ihrem Eid lösen zu lassen (selbst wenn sie bisweilen hatten schwören müssen, auch auf solche Anfechtung zu verzichten!). So kommt es, daß man in den Registern auf scheinbar rein innerweltliche Fälle stößt, die man hier nicht unbedingt erwartet: ein Ratsmitglied von Stein am Rhein hatte sich, im Konflikt mit Stadtrat und Bürgerschaft, vor der Einkerkerung in ein Asyl geflüchtet und beim Verlassen geschworen, seinen Fall nur vor dem weltlichen städtischen Gericht zu verfolgen.[174]

Noch weniger erwartet man, den folgenden Fall hier zu finden. Ein Berner Fischhändler war mit dem Rat der Stadt zusammengestoßen. Gerade in Bern übte der Rat eine strikte Gewerbeaufsicht aus, reglementierte das städtische Gewerbe durch Handwerksordnungen, die in den Stadtrechtsbüchern aufgezeichnet und von den Meistern beschworen wurden, konzentrierte die Ausübung einzelner Berufe auf gewisse Stadtbereiche, regelte den Zugang zu den städtischen Märkten usw. Daß es darüber mit erfolgreichen, selbstbewußten Persönlichkeiten zu

Abb. 10. Folter und Hinrichtung, damals fast alltäglich erlebt, werden entsprechend häufig im Bilde dargestellt. Hier einmal anders: Die Wallfahrtskirche S. Maria delle Grazie bei Mantua zeigt in hölzerner Nischenwand lebensgroße, ganz oder teilweise aus Holz oder Stuck gebildete, stoffbekleidete Statuen oder Drahtpuppen (darunter von Teilnehmern an der Belagerung von Pavia 1522 in echten – inzwischen ins Museum verbrachten – Rüstungen), die seit dem frühen 16. Jahrhundert von den Betroffenen gestiftet bzw. als *miracolati*, als wundersam errettete Personen, von den Franziskanern angefertigt und gezeigt wurden. Von den (jeweils mit gereimten Beischriften versehenen) erhaltenen 53 Figuren hier die Nummern 34 und 35.

Auseinandersetzungen kommen konnte, versteht sich: so mit dem reichen Fischhändler Heinrich Kloss wegen der 1466 erlassenen Fischerordnung, was ihm 1472 ein lebenslanges Berufsverbot eintrug: er mußte schwören *sin lebtag us niemer mer ... keinen visch in der stat von bernn noch ouch in allen miner herren landen und gebieten veil ze haben.*[175] Daß Kloss sich nicht nur an den zuständigen Bischof, sondern 1472 auch an die Pönitentiarie wandte, erfahren wir hier aus dem Supplikenregister – aus seiner Sicht: er habe in Unkenntnis der neuen Verordnung (*ignorans dictum decretum*: das ist völlig undenkbar!) Fische nicht an der vorgesehenen Stelle verkauft, und sei dann aus der Haft freigelassen worden nur nach Leistung des Eides, keine Fische mehr zu verkaufen. Da er sich aber ohne Fischverkauf nicht ernähren könne *(nec aliter se commode substentare nequit nisi arte piscandi)*, bittet er um Lösung von diesem erpreßten Eid *(iuramenti sic extorti)*.[176]

Ähnliches widerfuhr zwei Jahrzehnte später dem Berner Weinhändler Niklaus Herrenschwand,[177] während sich ein weiterer Berner (gewiß nach vorheriger Einigung mit dem Rat) von seinem Eid lösen ließ, die Stadt nicht mehr zu betreten.[178] Es mag für das Berner Regiment kennzeichnend sein, daß solche Fälle von hier, nicht aus Zürich oder Basel überliefert sind. Wichtiger noch ist, daß wir im Fall des Berner Fischhändlers einmal die Gerichtsversion vor Ort und die selbstgefertigte Version für die Pönitentiarie miteinander vergleichen (und daraus unsere Schlüsse für die *veritas precum* ziehen) können!

Aber es ist vor allem die Strafgewalt der Obrigkeit, die den Rahmen oder Anlaß vieler Geschichten bildet. Denn da jede Beteiligung an Verstümmelung oder Tötung eines Menschen den Geistlichen *inhabilis* machte, also jede – auch passive – Mitwirkung an Strafverfahren und Strafvollzug grundsätzlich zum

Weihehindernis wurde[179], war angesichts der Alltäglichkeit und Öffentlichkeit solchen Strafvollzugs die Berührung beinahe unvermeidlich (vgl. Abb. 10).

Todesurteile und Hinrichtungen. Grundsätzlich genügte es natürlich schon, der städtischen Obrigkeit angehört und so an Urteilen mitgewirkt zu haben. Wenn die Selbstrechtfertigung etwas ausführlicher ist, kann sie sehr persönliche Einblicke sogar in das Innere kommunaler Kollegien geben. Ein Niederländer berichtet: Er sei verheiratet gewesen, seine Frau sei gestorben, und darum *(quapropter)* habe er Priester werden wollen. Doch hatte ihn die Stadtgemeinde schon zu einem ihrer 8 Schöffen gewählt. Er lehnte die Wahl ab und sträubte sich mit allen seinen Kräften dagegen – aber da wurde er unter Androhung der Verbannung von den Schöffen zur Ausübung des Amtes genötigt. Und da seien natürlich, auch ohne sein Zutun, Todesurteile gesprochen worden.[180]

In der Regel aber war es die Anwesenheit bei einer Hinrichtung – und deren Umstände, und der Grad der persönlichen Beteiligung, mußten der Pönitentiarie erst einmal genau geschildert werden. Am spektakulärsten die Schilderung von Folterungen und Hinrichtungen, bei denen die Petenten – oft schon als Jugendliche, ja Kinder – zugesehen und spontan irgendwie Hand angelegt hatten, etwa indem sie Holz zum Scheiterhaufen der Hexe herbeitrugen. Ein 9jähriger hatte bei einem Scheiterhaufen «Feuer in die Hand genommen und dann dort hingeworfen, wo der zu Verbrennende war» (er hatte nicht beim Verbrennen ‹geholfen›, sondern wie Jungen seines Alters am Feuer gekokelt).[181] Ein 10jähriger hatte Holz zur Verbrennung eines Hussiten herbeigetragen. Oder der junge Mann, der als 12jähriger «bei einer Frau, die gefoltert und auf dem Seil gestreckt wurde, dieses Seil für kurze Zeit hielt, dann wurde sie verbrannt», und als 14½jähriger beim Verhör eines ungeständigen, dann enthaupteten Verbrechers abermals das Folterseil handhabte, *ad cordas traxit et tenuit*[182] (wobei diese Suppliken vermutlich Alter und Anteil noch verminderten).

Ein anderer hatte, nicht aus Bosheit sondern mit der Lust des 11jährigen *(nisi satisfaciendo appetito)* überhaupt nur an dem Glokkenseil mitgezogen, als die Hinrichtung angekündigt wurde, oder als mit dem Läuten das Signal zur Jagd auf die Räuber gegeben wurde, und machte sich schon daraus ein Gewissen (mindestens diese Geschichte hat sich Papst Pius II. angehört und die Supplik selbst signiert: *Et per penitentiariam fiat*, *Eneas*).[183] Oder der 15jährige, der auf Geheiß des rechtsprechenden Vaters Holz zum Scheiterhaufen der Hexe trägt. Oder der Schüler, der «auf einer Richtstätte zugegen war, wo einer wegen seiner Verbrechen zum Tode verurteilt war und nach der Enthauptung aufs Rad geflochten und [das Rad] aufgerichtet werden mußte; um das zu sehen, trat er hinzu und legte unbedachterweise seine Hand an das Holz».[184]

Andere waren wohl keine Kinder mehr und schreiben sich entsprechend differenziertere Motive zu: der zum Feuertod verurteilte Räuber «war mit Eisenketten so hoch angebunden, daß das Feuer ihn kaum erreichen konnte, *quod vix ignis eum tangere poterat*; da der Räuber Gott fluchte, habe er und mehrere andere, von Mitleid bewegt und damit der Räuber nicht verzweifele [nicht länger Gott fluche], Pfähle herbeigetragen, damit der Räuber schneller verbrenne», *ad citius comburendum dictum latronem*. Und ähnlich ein anderer Geistlicher, der um seine Priesterweihe fürchtet, da er bei der Hinrichtung eines Kirchendiebs die Qualen der Folter nicht mehr mitansehen konnte und – so seine Darstellung – aus Mitleid, zur Abkürzung der Qualen, zum Folterknecht gesagt habe: «Zieh doch mal ein bißchen an der Kette» *(ut sue pene abbrevientur, ‹move paululum catenam›)*.[185]

War bei den geschilderten Hinrichtungen die Teilnahme eher zufällig gewesen und doch klärungsbedürftig, so war die amtliche Beteiligung an weltlicher Strafgerichtsbarkeit erst recht ein Weihehindernis, machte der *defectus lenitatis* (Mangel an Herzensmilde) den Geistlichen irregulär. Der Deutschordens-Komtur, der bei einer Gerichtsverhandlung den Vorsitz führen mußte; der Dominikaner, der zuvor dem Stadtrat von Nürnberg angehört und als solcher natürlich mit Verurteilungen zu Tod oder Verstümmelung zu tun gehabt hatte; der Benediktiner, der als Notar für den Stadtrat von Schaffhausen die Geständnisse von Missetätern protokolliert hatte: sie alle wandten sich um Absolution oder Dispens an Rom.[186]

Es konnte auch geschehen, daß den Einwohnern von der Obrigkeit befohlen wurde, die Hinrichtung selbst zu vollziehen, wie in diesem Fall aus Polen. Zwei Diebe waren zum Tode verurteilt worden. Aber aufhängen will sie niemand. Darum befiehlt der Ortsherr schließlich, wie dort üblich *(secundum locorum consuetudinem)*, allen Einwohnern, das Todesurteil zu vollstrecken. Um das (andernfalls vorgesehene Straf-)Geld nicht zu zahlen, tun die Einwohner es nun doch lieber selbst: zwei hängten die Diebe auf, andere hielten den Strick und halfen mit, damit es nicht auf die zwei allein zurückfiele *(ne alii duo diffamarentur)*; wieder andere errichteten den Galgen, darunter der Petent, der auch Hand an den Strick gelegt hatte.[187]

Aber schon passive Teilnahme an Urteil oder Vollstreckung einer Strafe an Leib oder Leben reichte hin, die *regularitas* in Frage zu stellen – und die Umstände zu berichten, die einen in diese Lage gebracht hatten. Der eine hatte, im Dienst eines Burghauptmanns, nur jeweils zur Richtstätte mitreiten müssen; ein anderer bei Hinrichtungen *lorica indutus* (im Harnisch, also offiziell) bloß dabeistehen müssen; ein dritter, zuvor als Laie Trompeter bei verschiedenen italienischen Stadtregierungen, mochte nicht ausschließen, daß er auch mal bei Todesurteilen trompetet hatte.[188] Einer hatte das Schreiben eines Scharfrichters überbracht (schon das war schlimm, aber noch schlimmer:) das die Ernennung eines anderen Scharfrichters zum Inhalt hatte. Einem anderen hatte, als er «drei oder vier Jahre alt war», seine Mutter einen Brief in die Hand gedrückt, der dann zur Hinrichtung des Mörders seines Vaters (!) führte; nun bittet er im Hinblick auf seine geistliche Karriere um eine Feststellung, daß er damit keinen Mord *(reatus homicidii)* begangen habe. Schwer nachvollziehbar auch die gleiche Bitte eines jungen Mannes, weil er einem Dorfhauptmann *(capitaneus sue ville)* auf dessen Bitte seinen Mantel geliehen hatte und dieser, angetan mit dem Mantel, kurz darauf einen Mann verhaftete und hinrichtete.[189] Wenn man schon darin Mitwirkung beim Töten sehen (und dann gleich wieder abmildern) will, muß man wohl einiges erzählen.

GEMEINSCHAFTSERLEBNISSE, GEMEINSCHAFTSERFAHRUNGEN.
Wie dramatisch – in den Szenen einer Stadt – ein persönliches Schicksal erzählt werden kann, und welch großes Bild dabei gleichwohl vor unserem Auge ersteht, zeigt der folgende Fall: 19. Juni 1472. Erfurt brennt.

«Beim Brand der Stadt Erfurt, der die Kirchen St. Marien und St. Severi und – an verschiedenen Stellen der Stadt, weil die Flammen durch die Straßen flogen – mehrere Häuser vernichtete, wollte der Priester Johannes Happeyner, der damals in Erfurt wohnte, sein Haus verlassen und fliehen. Aber er konnte nicht. Ihm kam aus den Flammen der greise Priester Heinrich entgegen, lahm und fast blind, hilflos gegen die

Flammen, und bat unter lauten Klagen: ‹Um Gottes und aller Heiligen willen: guter Herr Johannes, laßt mich in Euren Keller, damit ich mich vor dem Feuer retten kann› *(introducite me in vestrum cellarium. ut possim salvari ab igne)*. Priester Johannes, die eigene Gefahr vor Augen, geängstigt durch die Flammen und durch die Ängste des anderen, völlig verstört und unfähig zu vernünftigem Denken, brachte den Priester Heinrich, da er ihm anders nicht helfen konnte, in den Keller – und verließ dann selbst das Haus auf der Rückseite, durchquerte unter großen Mühen und Gefahren den Fluß Gera und kam so vom Feuersturm frei. Priester Heinrich aber erstickte im Keller am Rauch des Brandes».[190]

Weitere Szenen aus städtischen Straßen und Plätzen, in denen das rahmende Ereignis miterzählt wird:

Schlimmes Ende eines überfüllten Krippenspiels.

«Der Rektor der Lateinschule beim Ägidien-Kloster in Braunschweig, Tillmann Waethkenfeidde, legt dar, er habe, nach dem in Braunschweig geltenden und seit langem beobachteten Brauch, mit seinen Schülern und anderen geistlichen wie weltlichen Personen … vor der Kirche ein Spiel über die Kindheit unseres Heilandes aufführen lassen: wie er für uns geboren, in die Krippe gelegt und in seinen Windeln von den Königen andächtig angebetet worden sei. Für die Aufführung habe er von Handwerkern mit größtmöglicher Sorgfalt eine Bühne *(tabernaculum seu sustentaculum)* für Jungfrau und Kind errichten lassen. Die Bevölkerung strömte zu diesem Schauspiel in großer Zahl zusammen, und die versammelte Menge war so gewaltig, daß der Rektor oder andere sie nicht mehr beherrschen oder steuern konnten *(nullo modo gubernari potuit seu dirigi)*. Die Bühne, gedacht für Jungfrau und Kind und weitere 20–30 Personen, die Opfergaben bringen wollten, wurde von einer solchen Menschenmenge erklettert, daß die Bühne diese Last nicht tragen konnte und zusammenbrach. Dabei begrub sie einen Jungen, der drunterher lief, und der starb nach wenigen Tagen.»[191]

Die Schule, im städtischen wie im ländlichen Rahmen, bildet verschiedentlich den Hintergrund berichteter Episoden. Es sind vor allem disziplinarische Probleme, die zu Unruhe, Züchtigungen, Konflikten mit Todesfolge führen und so Schüler ins Bild treten lassen. «Verdammter Priester, alle sinds zufrieden, daß ich hier bin: warum Du nicht?» *(quare tu non es contentus ut sum hic?)*, schreit der Schüler nach einer Zurechtweisung frech zurück.[192]

Gezüchtigt wird viel, etwa durch Rutenstreiche auf den Hintern *(cum virgis per culum)*. Daran kann der Schüler doch nicht gestorben sein, sondern an der Pest! Aber so ganz scheint der Lehrer sich seiner Diagnose – ob Hiebe oder Pest – doch nicht sicher zu sein; da kann auch die Pönitentiarie nur das *iudicium medicorum* abwarten. Das sei dort so üblich, sagt ein Priester, der in Pommern beim Unterricht *in grammaticalibus* einen Schüler verprügelt hatte – nur war der nach acht Tagen tot.[193] In einem anderen Fall führte die Züchtigung eines aufsässigen Schülers geradezu zu einem Aufruhr, der einen Beteiligten das Leben kostete. Oder der Schulleiter, der einen Schüler wegen schlechten Benehmens von der Schule verwiesen hatte und dem es nun heimgezahlt wird.[194] Dazu die Belästigungen der Schüler auf dem Schulweg, auf Ausflug beim Holzsammeln, oder vor dem Schultor, wo – wie ein Schulleiter berichtet – die Schüler aus dem Handwerkerstand den anderen auflauern.[195]

Singen und Musizieren. Es wird viel gesungen und musiziert. Aber Gesang und Instrumente würden in diesen Geschichten nicht vorkommen, wenn sie nicht Anlaß zu bösem Streit geworden wären: «Musik wird störend oft empfunden, weil sie stets mit Geräusch verbunden» (Wilhelm Busch). Ein Geistlicher, dem es in Meißen beim Bischof gelungen war, einen Freund von der Exkommunikation zu lösen, betritt auf dem Heimweg mit diesem Freund ein Wirtshaus, um dort zu übernachten. In diesem Wirtshaus sitzen andere – ihm bekannte – Geistliche beim Essen und singen, bis sich ein Gast beschwert: «Warum sie so sängen?» «Weil sie das Recht dazu hätten!» *(ex eo quod cantandi ius haberent)*. Darauf werfen der Wirt und der Mann sie brutal hinaus und verriegeln die Tür. Dann tritt jener Mann an unsern Geistlichen heran: «Du bist doch auch einer von diesen Sängern!» Der läßt sich die Beleidigungen nicht gefallen, und schon geht es los.[196]

In einer abendlichen Gesellschaft in Posen ist es hingegen die ausgelassene Reaktion eines Teilnehmers auf das Lautenspiel, die den Fall auslöst. Ein Priester, der schon mehrmals zum Essen in das Haus einer ehrbaren Witwe in Posen eingeladen worden war, sitzt dort nach dem Abendessen mit anderen ehrbaren Bürgern bis zu später Nachtstunde zusammen. Da

> «begann einer, wie in einem ehrbaren Gasthaus, auf einem Musikinstrument eine Melodie zu spielen bzw. zu greifen *(melodiam sonare seu tangere)*. Angetrunken und auch sonst in gehobener Stimmung, *ex habundantia potus ac aliter quadam iocunditate promotus,* fing [der Priester] an, auf den Klang jenes Instruments zu tanzen und in ehrbarer Weise herumzuspringen. Einer der anwesenden Bürger, Metzger Simon aus Posen, trug daraufhin singend lächerliche, beleidigende und häßliche Dinge *(derisoria, iniuriosa ac inhonesta)* gegen den Priester vor, die dieser, eingedenk seines Standes und um einen Skandal zu vermeiden, ohne Erwiderung geduldig hinnahm. Ein anderer aber, der Bäcker Johannes, Geschworener

dieser Stadt, ertrug es nicht, daß jener Simon den Priester grundlos schmähte».

Nun geraten die beiden aneinander, reißen sich an den Haaren, bis schließlich, nach endlos erzählter Prügelei, Simon den Johannes tötet und dafür hingerichtet wird[197] – traurige Wirkung unschuldigen Lautenspiels.

Meist aber sind es die nächtlichen Straßen einer Stadt, in denen diese Geschichten spielen. Etwa die zwei, die, «wie Jungen das so tun», singend durch die nächtlichen Straßen von Lübeck heimziehen. Als sie dabei durch die Straße mit «dem Haus einer Frau» kommen, stürzt wütend ein Mann heraus, zieht sein Schwert, und das Unheil nimmt seinen Lauf. Gefährlich lebt auch der Lautenspieler, der sich in einem nächtlichen Städtchen endlich zum Spielen bewegen läßt und, als man ihn warnt, zwei bewaffnete Gesellen lauerten um die Ecke, seine Laute abstellt, sein Schwert zieht und hinter den beiden herrennt *(deposuit lautum et evaginato gladio post duos cucurrit)*.[198]

Auch nächtliche Ständchen unter dem Fenster der Angebeteten werden von Dritten, und zumal von Familienangehörigen, wenig geschätzt. Der Bruder erzählt, wie der Liebhaber seine Schwester schon

> «mehrmals gedrängt habe, daß sie mit ihm schlafe, und er zu diesem Zweck mit seinen Gesellen und Lautenspielern und Bläsern *(cum certis liutinis et tubicinis)* nächtens schon mehrmals musizierend vor das Tor des elterlichen Hauses gezogen sei, wo die Schwester wohnte. Er habe ihm mehrmals gesagt, er möge das künftig unterlassen, weil zu solcher Stunde zu musizieren seiner Schwester und der Familie Unehre bringe»

– was der Liebhaber natürlich übelnahm, und so kommt es, nach einer ersten Begegnung mit einem Gesellen auf dem Weg ins städtische Bordell, zum tödlichen Treffen.[199]

Mit Singen beginnen andere Prügeleien. Ein Geistlicher aus Kolberg/Kolobrzeg in Pommern erzählt, wie er in dieser Stadt eines frühen Abends, um eine Maß Bier zu kaufen, zu einem Bierhaus ging, und der ihn begleitende Geistliche «ein Lied auf deutsch sang», *quandam cantilenam in vulgari theotonico canens*. Da kommt ihnen ein Mann entgegen, der ein anderes Lied gleichfalls auf deutsch singt *(quandam aliam cantilenam in eodem vulgari canendo)*: geht vorbei, kehrt um, und schon beginnt die Schlägerei (von der jeder einzelne Hieb, aber wieder einmal nicht der Anlaß berichtet wird: was mögen die beiden wohl gesungen haben?).[200] Oder da ist, in Kärnten, eine Schülergruppe «gemeinsam singend nach Art des Landes» *(communiter cantum decantando de more illius patrie)* hinter Hühnern her – doch erregt das Mißfallen, vielleicht mehr wegen der Hühner als wegen des Gesangs.[201]

Gesungen wird viel, aber nicht immer gut. Ein Schüler singt beim Gesangsunterricht eine Antiphon falsch und wird dafür vom Hilfslehrer so gezüchtigt, daß die Familie den Lehrer umbringt. Ein junger Niederländer, der Mönch werden wollte, singt bei der Prüfung so unsauber *(dissonus et in cantu minime idoneus)*, daß man ihn nicht nehmen will. Umgekehrt ein anderer, der, ohne Mönch werden zu wollen, im Kloster Ballenstedt lebte, um die wenigen Mönche beim liturgischen Gesang zu verstärken *(in cantu iuvare)*.[202]

Von da geht es dann weiter zu professionellerer Musikausübung. Ein Kanoniker des Augustiner-Chorherrenstifts Reichersberg hatte das Stift verlassen und spielte nun im Dom von Salzburg die Orgel[203]; ein Pfarrer aus der Gegend von Brescia, in Kirchenmusik ausgebildet und auch lehrend (worauf er auch finanziell angewiesen sei), und auch bei größeren und bedeutenden *(maiores et insignes)* Kirchen begehrt, wünscht Lösung von der Residenzpflicht und einen Stellvertreter während dieser beruflichen Reisen[204]; der Organist im kleinen Warendorf berichtet von den Schwierigkeiten mit seinem Vorgänger. Einer war, bevor er in Mainz die Weihen erhielt, in Italien Trompeter verschiedener Stadtregierungen gewesen.[205] Ein anderer hatte es in Rom sogar zum *cantor pape* gebracht und mußte sich nun aus seinen Lütticher Verpflichtungen lösen.[206]

Im Land der Saiteninstrumente (der weitaus größte Teil der nach Rom importierten Lauten kommt, laut Zollregistern, damals aus Deutschland[207]) wird auch ein spezielleres, privates Instrument bei seinem Namen genannt, das Clavichord (Abb. 11) – natürlich wieder aus traurigem Anlaß. In der Wohnung eines Laien, der ein Clavichord besitzt, kommt es zwischen einem Würzburger Kleriker und einem Dritten zu einer wüsten Schlägerei, bei der das Instrument zu Bruch geht: *a casu quoddam sonandi instrumentum clavicordium nuncupatum in dicta domo fregerunt.* Wütend verlangt der Besitzer Schadenersatz (man wüßte gern in welcher Höhe!), wozu der Kleriker grundsätzlich auch bereit ist, aber nicht bei solch schrillen Tönen. So kommt es über dem Clavichord zum Totschlag.[208]

So treten die verschiedenen Lebens- und Tätigkeitsbereiche immer nur in einzelnen Episoden vor unser Auge, und es ist oft an uns, sie womöglich wieder in einen Zusammenhang zu bringen. Etwa der Bausektor: Vorfälle auf der Baustelle – «Paßt auf (will einer den Arbeitern noch zugerufen haben, als sie einen Balken vom Haus hinunter auf die Straße werfen sollten), daß unten nicht gerade einer vorbeigeh ...», und schon ist es passiert. Das Richtfest-Essen – «denn ich wollte denen, die am Haus gearbeitet hatten, etwas Gutes tun» (nur daß der Schankwirt, der dann das Bier liefern soll, sich selber einlädt und Streit beginnt).[209] Da ersteht vor uns sogar ein ganz bestimmtes historisches Gebäude, weil in Aufriß und Funktion beschrieben: Frau-

ABB. 11. Sogar polyphonisches Musizieren privat auf einem dazu geeigneten Instrument wie dem Clavichord wird hier erwähnt – aber, der Quellengattung entsprechend, nur weil es bös ausgeht. Darstellung eines Clavichords auf den Intarsien des *studiolo* Federicos da Montefeltre (gegen 1480): Urbino, Palazzo Ducale.

enzimmerbau und Schloßkapelle des Heidelberger Schlosses. Denn Kurfürst Philipp (der Aufrichtige, 1476–1508) legt dar, daß er, da in seiner Heidelberger Burg das Privatgemach – «genannt ‹*frauwenzymmer*›» – der Fürstin an das Dach der Kapelle stoße, einige Wachen und Diener im Dachstuhl der Kapelle über einem Bretterboden *(supra quandam tabulatam supra testudinem et infra tectum ipsius capelle)* untergebracht habe. Obwohl da nun alles höchst ehrbar zugehe, wolle er, aus Gewissenhaftigkeit, für diese Anordnung und Unterbringung doch die Zustimmung des Apostolischen Stuhls einholen.[210]

Wir hören auch die Überlegungen, die für und gegen den Erweiterungsbau einer Pfarrkirche sprechen – und vernehmen dabei Argumentationen, wie sie der Historiker nicht anders formulieren würde, wenn er Zusammenhänge (etwa die von der Bevölkerungsentwicklung ausgelösten Probleme) festzustellen und darzulegen hat. Das Bevölkerungswachstum zwinge dazu, die Pfarrkirche zu vergrößern, legt das kleine Huchlhain in der Diözese Augsburg dar. Das gehe aber nur auf Kosten des gleich angrenzenden Friedhofs. Was aber, wenn eine Pestepidemie den Bedarf an Friedhofsfläche plötzlich vergrößere?

> «Ihre Pfarrkirche sei wegen der hohen Bevölkerungszahl in Bau und Gebäude[teilen] *(in suis structuris et edificiis)* nicht weit und geräumig genug. Die Pfarrangehörigen hätten darum vor, wegen des Bevölkerungswachstums *(propter populi excrescentiam)* die Pfarrkirche als Bau und in ihren Gebäuden zu erweitern. Dadurch würde aber der Friedhof, der an die Kirche anstößt, ziemlich verkleinert. Es könnte darum geschehen, daß in Pestzeiten der Friedhof für die Bestattung der Toten nicht ausreiche.»[211]

Auch die harte Mühe, dem baulichen Zerfall von abgelegenen Kirchengebäuden entgegenzuwirken, wird in Episoden sichtbar.

Was wir aus kirchenreformatorischen Schriften etwa für Kloster Bursfelde an der Weser und seinen traurigen Zustand erfahren,[212] hier sehen wir es, nicht weit von Bursfelde, in einer Momentaufnahme aus dem verfallenen Innern der Pfarrkirche des kleinen Volpriehausen. Der Pfarrer, zufrieden über die erreichte Vereinigung mit Delliehausen, «fand aber, daß in der Kirche ein Mann mit Frau und Kindern wohnte, der vor dem Hauptaltar der Kirche einen Stall für Schweine und andere Tiere eingerichtet hatte». Diesen Mann und seine Schweine aus der Kirche herauszukriegen, wird ein hartes Stück Arbeit sein und ein Menschenleben kosten.[213]

Ernährung. Daß Familien, ja ganze Gemeinschaften sogar Ernährungsprobleme und Fragen leiblichen Wohls zur Sprache brachten, auch dafür gibt es eine Kategorie von Gesuchen. Bekanntlich war an Fastentagen der Genuß nicht nur von Fleisch verboten, sondern von tierischen Produkten überhaupt (Butter, Eier, Käse), zugelassen hingegen pflanzliche Fette wie Olivenöl.[214] Wie aber hier oben an Olivenöl kommen? So gingen von nördlich der Alpen viele Gesuche in Rom ein, doch tierische Produkte verwenden zu dürfen. Zahlreiche Personen jeden Standes – vom gewöhnlichen Bürger über den kränklichen Mönch bis zum Bischof und zum Herzog von Sachsen und seinem Kanzler –, aber auch ganze Städte wie Heidelberg und Dorfgruppen vor allem in Süddeutschland bemühten sich um solche Dispense (sog. ‹Butterbriefe›). Ein adeliges Ehepaar denkt auch an die Eingeladenen und bittet um Ausweitung auf den jeweiligen Gast ihrer Wahl.[215]

Die Argumentation ist immer: die Gegend hier ist kalt, da wachsen keine Oliven. Olivenöl eigens zu importieren ist beschwerlich und teuer, «und wenn es mal kommt, dann ist es ranzig und nicht pur», *rancidum* (oder *putridum*) *et mixtum*. Also bitte lokale Fette (aber nicht pflanzliche: Nußöl, Mohnöl, das mögen wir nicht, davon wird uns übel, heißt es manchmal): ohne Butter geht es nicht. Diese formelhafte Argumentation kann dann umspielt und erweitert werden: statt (oder neben) ‹dazu haben wir das Geld nicht›, kann es auch heißen: ‹bezahlen könnten wir Olivenöl wohl, aber es bekommt uns nicht, ist uns zuwider, wir sind es nicht gewöhnt›.[216] Aber sogar ein in Venedig lebender Deutscher glaubt auf Butter nicht verzichten zu können.[217]

Angesichts der häufigen, flächendeckenden Vergabe fällt einer Gruppe von acht Orten im Hunsrück um Simmern ein neues, überzeugendes Argument ein: die Nachbarorte, die auch noch der gleichen weltlichen Herrschaft unterstehen, haben diese Genehmigung doch schon, kommen zu uns, wollen Milchprodukte essen, und wir müssen es ihnen verweigern: das gibt Ärger *(scandala)*![218] Ein Ort macht sogar geltend, der päpstliche Legat habe sich jüngst bei seiner Reise durch Deutschland ja mit eigenen Augen *(oculari experientia)* überzeugen können von der *sterilitas* ihrer Gegend; ja die Unfruchtbarkeit gehe hier so weit, daß es auch kaum Fisch und Wein gebe, geschweige denn Olivenöl.[219] Und der Wildgraf von Kyrburg und Dhaun – gleichfalls im Hunsrück – argumentiert, in seiner Grafschaft «gebe es sehr wenige Fische, die kaum für den Grafen selbst und seine Familie reichten, und die auch nur mit seiner ausdrücklichen Erlaubnis gefischt werden dürften» *(absque ipsius expressa licentia piscari)*, da sei der Verzicht auf Milchprodukte geradezu lebensgefährlich *(periculo … eorum vite)*.[220]

Geistliche

Daß mehr Geistliche als Laien vorkommen, liegt im Wesen dieser Quelle, ebenso: daß Laien vor allem dann ins Spiel kommen, wenn sie den Geistlichen Probleme machen. Und Probleme gibt es genug, auch grundsätzlicher Art: «Da sieht man mal, wie wahr der Spruch ist, daß alle Irrung und aller Ärger von den Priestern kommt!», ruft auf einer Straße in Österreich ein Bettler empört den Priestern nach; als «Feind der Geistlichkeit», heißt es von einem Mann in einem Gasthaus in Mindelheim, «habe er geschworen, alle Kleriker und Priester zu berauben, die er nachts auf den Straßen treffe»; «Sprüche gegen den Klerus», *verba in opprobrium cleri* hört man in einem Gasthaus in Oettingen.[221]

Sie wußten sich zu wehren, wenn sie tätlich angegriffen wurden: die Register sind voll davon. Mindestens ein Brotmesser führte auch der Geistliche bei sich, ja in dieser Gegend (sagt ein Priester der Diözese Straßburg rechtfertigend) trügen die Priester einen Dolch.[222] Aber nicht davon sei hier die Rede, sondern von den spezifischen Problemen, den spezifischen Fähigkeiten des Klerikers.

Vor allem: Kleriker konnten schreiben. Schon deshalb treten sie in vielen Vorfällen auf. Wer schreiben kann, kann sich durch Schreiben auch schuldig machen. Das bringt sie in diese Quelle hinein.

In der Welt der Herrschaft: schuldig durch Schreiben. Mancher kleine Kleriker hatte in jungen Jahren weltlichen Herren gedient – immerhin konnten sie lesen und schreiben, und wer konnte das schon auf einer kleinen Burg? (Abb. 12) «Da auf der Burg außer ihm keiner so gebildet *(litteratus)* war, las er den an den Burghauptmann gerichteten Brief auf dessen Bitte vor»; und als auf einer Deutschordensburg ein Brief eintrifft, «reichte der stellvertretende Komtur ihn dem Kleriker zum Lesen, da er selbst dazu nicht in der Lage gewesen wäre» *(cum ipse eam legere non scivisset)*. Wie er vom Sohn des Burghauptmanns zum Schreiben gerufen wurde, schildert der kleine Schreiber einer norddeutschen Burg.[223]

So waren sie in das Getriebe dieser Welt geraten und hatten sich, dem weltlichen Arm ihre schreibende Hand leihend[224], womöglich schuldig gemacht: indem sie Fehdebriefe schrieben, aus denen Mord und Totschlag folgten; indem sie nach einem Verfahren Briefe schrieben, die gegebenenfalls zur Hinrichtung des Verurteilten führten, usw. (vgl. Abb. 1). Und darin nahm man es sehr genau, denn jede Beteiligung an einer durch die öffentliche Gewalt erfolgten Tötung galt als *defectus lenitatis*, als Mangel an Herzensmilde, und galt als Weihehindernis.[225] Einer hatte für einen Burghauptmann die Buchführung nur über Essen und Trinken gemacht *(in officio scribendi expensas cibi et potus dumtaxat)*, oder die Buchführung für einen Adeligen, der doch für den Kaiser in den Krieg zog; gegen die Hussiten geschrieben, gegen die doch der Papst sogar einen Kreuzzug verkündet hatte; einen Brief verlesen, in dem doch nur stand, die Burg möge sich vor dem Nahen der Hussiten rechtzeitig mit Fleisch versorgen (bei der Durchführung war einer der Burgleute ums Leben gekommen).[226] Und doch: ein Priester, auch ein künftiger, durfte mit Töten auch nicht entfernt etwas zu tun haben.

Abb. 12. Kleine Burg über einem Fluß. Eine jener unscheinbaren Burgen, auf denen, wie Gesuche berichten, ein kleiner Kleriker womöglich der einzige war, der die an den Burghauptmann eingehenden Befehle lesen konnte. Albrecht Dürer, Aquarell wohl von seiner ersten Venedigreise 1494 (vielleicht Segonzano nordöstlich Trient), Ausschnitt. Kunsthalle Bremen, Kupferstichkabinett.

Um mit Schreiben Schlimmes anzurichten, mußte man nicht einmal hohen Herren dienen. Zu einem Schüler kommt ein Bauer

> «und bittet ihn, ihm gegen Geld einen Brief nach seinen Angaben aufzusetzen. Der Bauer erzählt ihm den Fall, daß nämlich Bauern in seinem Dorf Besitz von ihm unrechtmäßig an sich gebracht hätten: er möge ihnen mitteilen, sie sollten diesen Besitz zurückgeben. Er schreibt den Brief, und der wird in die Häuser der Bauern überbracht. Die Bauern hängen sogleich einen der Überbringer auf».[227]

Auch hier führt das Bedürfnis, zwischen die eigene Person und den Tötungsfall noch einige Umwege einzubauen und so die eigene Schuld zu mediatisieren, notwendigerweise dazu, daß das Gesuch noch einige Dinge zusätzlich erzählen muß. Eigentlich hätte sein Schulrektor, der zugleich Notar der Stadt war, das schreiben müssen, sagt ein Schüler, aber aus Faulheit *(pigritia motus)* habe er ihm den Brief – der dann zur Hinrichtung gefangener Feinde führte – diktiert, und zwar in böhmischer Sprache, wobei er die Wörter einzeln ausgesprochen habe *(in lingua bohemicali pronunciando sibi de verbo ad verbum, quam tamen exponens minime intellexit)*.[228] Ein anderer Geistlicher hingegen weiß schon, daß solch einen fatalen Brief zu schreiben ein Weihehindernis sein werde, fürchtet andererseits aber, daß er, Kanzler des Grafen von Bentheim, von seinem Herrn als Schwächling *(pusillanimus)* angesehen werden könnte, und meint diesem Dilemma zu entgehen, indem er den Hinrichtungsbefehl bloß diktiere.[229]

Oder: Er hatte das Geständnis des (daraufhin verurteilten) Verbrechers doch bloß kopiert; hatte den Fehdebrief doch nur abgeschrieben, und der wurde dann auch noch abgeändert. Oder: an meinem Brief ist der Verhaftete letztlich nicht gestorben, sondern an Wassersucht.[230] Ob überhaupt Menschen durch solche bürokratische Dienstleistung zu Schaden kamen, wird gern ausdrücklich offen gelassen.

Nur wer schreiben kann, hat die Voraussetzungen, auch zu fälschen. So sind vor allem Kleriker in Fälschungsdelikte verwikkelt. Bei Urkundenfälschung wurde, um die Schwere des Falles bewerten zu können, eine präzisere Beschreibung des Eingriffs erwartet – nicht immer unter ausdrücklicher Angabe des erhofften Vorteils, der für die Pönitentiarie ja leicht zu durchschauen war. Wenn jemand bekannte, in einem Schreiben der Pönitentiarie die Worte *a suis peccatis omnibus* ausradiert und durch *a iuramentis tamquam simplex* ersetzt zu haben, dann hatte er damit die pauschale Standardformel «und von allen seinen Sünden» ersetzt durch eine spezifische, auf ein Meineidsdelikt bezogene Formel. Oder wenn in einem päpstlichen Brief der Name einer inzwischen verstorbenen Cornelia durch den Namen ihrer noch lebenden Schwester ersetzt worden war, so war auch hier der Zweck durchsichtig.[231]

Das ist die kleine Welt des Fälschungsalltags weit unterhalb der vieluntersuchten großen historischen Fälschungen. Häufig geht es darum, mit Hilfe solcher Fälschungen letzte Hindernisse auf dem Weg zu den höheren Weihen beiseitezuräumen. Einer hatte aus Angst vor der bevorstehenden Prüfung in gefälschten Briefen mit gefälschtem Siegel den Weihbischof glauben gemacht, er habe die Prüfung bereits hinter sich; ein anderer hatte, um alle Weihen zu erlangen, noch fehlende Titel gefälscht «und von einem weltlichen Herrn, der den Inhalt nicht verstand, besiegeln lassen»[232] (zum Siegel wird einmal eigens ein Fälschungs-Indiz genannt: da stand *datum sub sigillo nostro rotundo*, aber das anhängende Siegel war nicht rund, sondern länglich, *erat longum*).[233] Oder: einer hatte in einem für einen anderen bestimmten Erlaubnisbrief eines Bischofs, sich die Weihen von einem anderen Bischof erteilen zu lassen *(littera dimissorialis)*, dessen Namen durch den seinen ersetzt und sich so den Weg außerhalb der Diözese, am eigenen Bischof vorbei, zu allen Weihen geöffnet. Wieder ein anderer hatte, weil ihm zur Priesterweihe die Kirchenpfründe fehlte, einen Brief fälschen lassen, demzufolge ein Adeliger das erforderliche Mindesteinkommen *(portio congrua)* gewähren werde; ein weiterer hatte, im Kampf um eine Pfründe, in ein vorzulegendes Schreiben nachträglich, *super lineam*, eine fehlende Klausel eingesetzt, und anderes mehr.[234]

Für all das mußte man mit Formeln, Daten, Siegeln wohl umgehen können. Aber es konnte auch einem Geistlichen (ohne Fälschungsabsicht) passieren, daß er ein Datum nicht richtig auflöste, weil er die Kalenden nach hinten statt nach vorn rechnete.[235] Versehen konnten auch in den besten Kanzleien unterlaufen. So merkten die Benediktinerinnen vor den Mauern von Leipzig zu ihrem Schrecken, daß 200 Jahre zuvor Papst Gregor X. ihr Kloster versehentlich als Zisterzienserinnen- statt als Benediktinerinnen-Kloster bezeichnet hatte, und wollten das nun in Ordnung gebracht sehen.[236]

Auch Münzfälschung kommt zur Sprache[237], etwa in dieser Geschichte:

Ein Priester hatte einem Laien eine Summe Geldes geliehen. «Als die Zeit der Rückzahlung kam, ging der Schuldner zum Priester. Auf die Frage: ›Hast Du mir das geliehene Geld mitgebracht?‹ antwortete er unter Tränen: ‹Nein, Herr, denn ich bin zu arm. Aber bei uns wird neues Geld fabriziert, das Eurem Geld nachgemacht ist. Wenn Ihr wollt, werde ich Euch von diesem Geld besorgen.› Der Priester sagte: ‹Geh und bring mir von dem Geld, ich werde sehen, ob ich damit bezahlen kann.› Der Laie sprach: ‹Ich bin arm und habe nicht soviel, daß ich einige dieser Münzen kaufen kann; leiht mir bitte

3 Gulden, ich werde Euch alles zurückerstatten.› So gab der Priester ihm 3 Gulden. Der Laie aber ging los, kaufte sich von den falschen Münzen und gab sie bei verschiedenen Geschäften an unterschiedlichen Orten aus. Der Priester sagte zu ihm: ‹Das ist gutes Geld, verkauf und kauf ruhig damit, was Dir gefällt *(ista est bona moneta, vende secure et eme, quae tibi placent)*, und wenn Dir etwas zustößt, dann benachrichtige mich, und ich werde Dir helfen.› Dann wurde dieser Laie eines Tages mit diesem Geld erwischt, verurteilt und hingerichtet».[238]

IN DER WELT DER KIRCHE: SCHULDIG DURCH PFRÜNDENHANDEL. Die in einer Stadt gehäuften kirchlichen Ämter und Pfründen bildeten eine enorme Dispositionsmasse, und die Versuchung war groß, auf dieses Kapital zuzugreifen und es womöglich in persönlichen Geschäften mit Dritten einzusetzen, auf Schleichwegen am «Pfründenmarkt»[239] der römischen Kirche vorbei zu kirchlichen Einkünften zu kommen.

Häufig begegnet man Fällen, in denen Geistliche untereinander oder mit Inhabern des Präsentations- bzw. Vergaberechts Abmachungen getroffen hatten, um in den Besitz eines Amtes oder einer Pfründe zu kommen. Patronatsherr konnte auch die Stadt selber sein. So hatte einer, um die Friedhofskapelle in Wasserburg am Inn zu bekommen, zweien der Ratsherren je einen Gulden gegeben.[240] In ländlicheren Gegenden konnte die – vom Patronatsherrn gewiß geradezu erwartete – Gegenleistung auch in Naturalien erfolgen: 1 Pferd für eine Pfarrkirche, oder 1 Kuh, oder 1 Armbrust, oder 1 Brautkleid für die Tochter.[241]

Oder es kam, durch massive Empfehlung, zu einem Dreiecksgeschäft. Ein Priester am Simeonsstift in Trier brauchte 25 Gulden und wandte sich an einen angesehenen Bürger *(centurio)* der Stadt. Der wollte ihm nur helfen, wenn er seinen Sohn auf ein freiwerdendes Kanonikat dieses Stiftes brächte. Der Priester gab ihm das schriftlich und erhielt das gewünschte Darlehen. Erst hinterher habe man ihm gesagt, ein solches Versprechen sei unzulässig gewesen.[242] Denn wer gegen Geld (oder sonstige weltliche Gegenleistung) kirchliche Ämter oder Pfründen erwarb oder gar die Erteilung der Weihen erlangte, beging Simonie (weil er, wie Simon Magus in der Apostelgeschichte, sich geistliche Gaben gegen Geld aneignete) und verfiel der Exkommunikation, von der ihn nur der Papst lösen konnte.

Besonders häufig sind Verzicht und Tausch in bisweilen komplizierten Verrechnungsfiguren. Für die *resignacio* einer Pfründe zugunsten eines andern erwartete der Verzichtende entweder eine einmalige Zahlung (wenn er nicht vom Vater des Konkurrenten in den Verzicht hineingeprügelt worden war[243]), oder eine Pension, oder eben eine andere Pfründe.[244]

Daß bei solchen Geschäften die Beteiligten selbst den Eindruck haben konnten, das sei nicht ganz ohne Simonie zugegangen, ist, wenn man sich durch ihre Argumentation hindurchgekämpft hat, durchaus nachvollziehbar. Wir erfahren bisweilen sogar die Relation zwischen dem Ertrag der Pfründe und der Höhe der dafür gezahlten Pension (z. B. jährlich 20 rhein. Gulden Einkünfte, dafür jährlich 15 rhein. Gulden Pension[245]), oder die Relation zwischen dem Ertrag der Pfründe und dem Kaufpreis.[246] Was bei solch einem Pfründengeschäft alles an regelmäßigen Zahlungen abgehen konnte, rechnet bitter ein Geistlicher vor: der rechtmäßige Inhaber verlangte für den Verzicht einen Anteil von jährlich 16 rhein. Gulden, der ordentliche Kollator für die Anerkennung des Verzichts jährlich 10 rhein. Gulden und dann noch die halben Einkünfte des ersten Jahres, also nochmal 10, denn die Jahreseinkünfte insgesamt erreichten gerade 20 rhein. Gulden. So sind ihm in 3 Jahren nur 9 Kammergulden Einkünfte geblieben. Das hatte sich nicht gelohnt![247]

Noch ein Beispiel, mit dem wir auf der untersten Etage, im Hinterzimmer der Pfründen-Kungelei, angekommen sind. Der Priester Johannes Ade (alle Beteiligten sind Geistliche der Diözese Speyer) vermittelt, gegen ein versprochenes Entgelt von 4 oder 5 Gulden, ein Geschäft zwischen seinem jungen Neffen Sergius Mitteler, Inhaber einer Altarvikarie in der Kollegiatkirche S. Stephan in Weißenburg, Wert 4 Silbermark, und dem Interessenten Kaspar Freudenberg, der dafür 30 rheinische Gulden bietet. Kaum daß Kaspar, durch Verzicht, in den Besitz der begehrten Vikarie gekommen ist, zahlt er dem Vermittler «weder 4 noch 5 Gulden, sondern bloß ein kleines Stück schwarzes Tuch wie es für ein Paar Stiefel reicht», und, über seinen Vater, dem bisherigen Inhaber Sergius auch nur 20 statt der 30 rheinischen Gulden. Das hatte sich nicht gelohnt, und dann sind sie jetzt auch noch der Simonie schuldig! Onkel und Neffe, in getrennten Eingaben, sprühen vor Empörung: den blöden Stoff habe Johannes gleich zerrissen.[248] Da war es doch einfacher, wie ein Pfarrer im Mainzischen an seine Pfarre gekommen war: er hatte im Nonnenkloster, das das Präsentationsrecht besaß, jeder Nonne – «aber nur einmalig», *semel tantum* – einen rheinischen Gulden gegeben.[249]

In anderen Fällen verschafften einfallsreiche Initiativen Vorteile, die nicht zum persönlichen Nutzen gedacht waren, wie ausdrücklich hervorgehoben wird: kleine Selbsterhöhungen, die die Kirche natürlich nicht hinnehmen konnte. So hatte ein Kleriker, als er für das Hospiz auf der Paßhöhe des Großen St. Bernhard Spenden sammelte, sich ausgerechnet, dafür sei es doch besser, wenn er sich als Priester ausgäbe (und hatte dann auch priesterliche Amtshandlungen vorgenommen).[250] Gleichfalls etwas größer macht sich, für den gleichen guten Zweck, ein 20jähriger Subdiakon, der für sein Konstanzer Augustinereremiten-Kloster Ostereier und andere Spenden *(ova et alias elemosinas pro festa pasche)* sammeln soll:

> «Da kam er in eine Stadt namens Beuren, wo er gar keine Spenden bekam. Und weil er sich von einigen Laien überzeugen ließ, er müsse Messen zelebrieren wenn er Spenden bekommen wolle *(si elemosinas habere vellet, missas celebrare deberet)*, habe er, als Subdiakon, um der Spenden willen, aber nur ein einziges Mal, öffentlich eine Totenmesse zelebriert oder wenigstens so getan *(celebravit seu celebrare ostendit)*, indem er Epistel, Evangelium und Totengebete las und anstelle des Kanons gewisse Gebete».[251]

Oder die ganz Schlauen: der Geistliche, der auf das Angebot des ertappten Kirchendiebs eingeht, ihm die Hälfte des gestohlenen Geldes zu geben, wenn er ihn laufen lasse – aus der Überlegung, daß der bestohlene Pfarrer dann ja auch nur den halben Schaden habe! Geradezu sympathisch der Einfall eines Trierer Klerikers, der «aus echter Zuneigung» *(ob amorem et veram dilectionem)* für einen anderen ins Examen geht, als der sich, ohne das erforderliche Prüfungswissen zu haben *(sufficienter litteratus non erat)*, um eine geistliche Stelle bewirbt.[252]

Geistliche konnten über Dinge in Streit geraten, die Laien unerreichbar waren. Bei einem Primizessen in Pommern wird einer der Priester von einem anderen nach kräftigem Trinken gefragt,

> «wieviel er für sein Brevier, das er bei sich hatte, bezahlt habe. ‹Nur 1 rheinischen Gulden, nämlich 1½ [lokaler Währung]›. Da fuhr ihn der andere an und sagte, er habe da gerade einen Grammatikfehler gemacht! *(ipsum in grammatica errasse)*. Da versicherte er, er habe korrekt Latein gesprochen *(se recte latinum locutum fuisse)*»

– und schon geht es los: der andere greift zu einem Holzscheit, er hingegen schlägt ihm sein Brevier auf den Kopf.[253]

Aus Priesterhaushalten. Kleine Szenen aus Priesterhaushalten, die sich auf ihre Weise organisieren mußten, zeigen (bei dieser Quelle, die das Unglück ja anzieht, natürlich) freches und aufsässiges Dienstpersonal. Die Magd, die sich zu den Truhen des Pfarrers und der Kirche Nachschlüssel beschafft *(claves … contrafieri fecit)* und dann auch noch frech wird. Die Magd, die, statt dem Priester und seinen Gästen, wie befohlen, die Mahlzeit zuzubereiten, die Gäste beschimpft und den blamierten Gastgeber auch noch tätlich angreift (aber auch ein Kaplan benimmt sich bei solcher Gelegenheit daneben und zeigt seinem Pfarrer vor den Gästen ordinär die «Feige», *plicatis digitis ficam sibi in opprobrium ostendit*). Oder die Magd, die während einer längeren Abwesenheit des Priesters auf das Haus aufpassen sollte, bei seiner Rückkehr aber halb betrunken im Wirtshaus angetroffen wird[254] – oder gar Fremde ins Haus hineingelassen hat: Ein Priester der Diözese Lüttich legt dar,

> «daß er wegen der Kriege in jener Gegend einst die Stadt und sein Haus für 6 Monate verlassen hatte. Als er nach Kriegsende zurück in sein Haus kam, fand er darin einige Soldaten und die Hure Yda; darum beschimpfte er seine Magd, die das Haus hatte hüten sollen, aber die Männer und die Yda eingelassen hatte. Die Magd nahm das übel auf und überhäufte nun ihrerseits den Priester mit schmähenden und beleidigenden Worten. Der wiederum geriet darüber in Wut und warf ein Zinngefäß nach der Magd, traf sie aber nicht, wohl aber die Yda, die dazwischengesprungen war, um die Magd zu decken.»[255]

Papstfinanz aus persönlicher Perspektive. Aus den die Geistlichkeit betreffenden Fällen sei endlich noch ein Vorgang herausgegriffen, der den internationalen Zahlungsverkehr zwischen Mitteleuropa und Rom berührt und zugleich die empfindliche Wirkung geistlicher Zensuren auf den Einzelnen spüren läßt: die Exkommunikation für säumige Zahlung geschuldeter Summen, insbesondere bei Annaten (Abgabe, die vom Empfänger einer dem Papst reservierten Pfründe nach Rom zu entrichten war) und bei Servitien (Abgabe, die von Bischöfen oder Äbten bei ihrer Ernennung durch den Papst nach Rom zu zahlen war).

Daß die päpstlichen Hofbankiers, die den bargeldlosen Transfer von Abgaben aus aller Welt an die Apostolische Kammer besorgten, im Falle säumiger Zahlung notfalls die Exkommunikation des Schuldners erwirkten, ist in der römischen Überlieferung mehrfach nachzuweisen.[256] Hier wird nun der Vorgang nicht aus der Perspektive der Apostolischen Kammer oder der Medici, sondern der exkommunizierten Schuldner erzählt – wie sich überhaupt der Alltag der Papstfinanz *vor Ort* aus dem Blickwinkel der die Münzen einsammelnden, zählenden, überweisenden Kollektoren anders ausnimmt als aus dem der Zentrale.[257]

«Exkommuniziert kraft Urteilsspruch des Kammerauditors auf Betreiben einiger Hofbankiers»: so oder ähnlich ihre Lage schildernd (meist wohl wegen säumiger Zahlung der Annate) bemühen sich nun der Priester in Xanten, der Diakon aus der Diözese Augsburg, der polnische Pfarrer, der Dekan des Kölner Domkapitels, der Priester aus der Diözese Straßburg um Absolution (bzw. Dispensation, wenn sie weiterhin Messe gelesen hatten).[258] Georg, Johannes und Nikolaus Haesler, vielleicht Brüder, Geistliche aus der Diözese Würzburg, aber der Kurie nahe (Georg wird 16 Jahre später Kardinal!), wollen gar nicht mitbekommen haben, daß Gläubiger beim Auditor der Rota in Rom die Exkommunikation gegen sie erwirkt hatten.[259] Auch in diesem Fall werden Hofbankiers – wahrscheinlich die Medici[260] – dahintergesteckt haben. Aber es gab daneben natürlich die lokalen Fälle, die mit Hofbankiers und internationalem Transfer nichts zu tun hatten: Exkommuniziert auch der Abt des völlig verschuldeten Klosters im Elsaß; der Priester, der, zahlungsunfähig, seine Diözese verlassen hatte; und viele andere Fälle, bei denen die Gläubiger die Exkommunikation des Geistlichen durchgesetzt hatten.[261]

Im Kloster

Wie die Weltgeistlichen, so erscheinen auch die Ordensgeistlichen in dieser Quelle unter den ihnen eigenen Problemen: die Quelle bietet Ausschnitte, aus denen man nicht ein Ganzes rekonstruieren sollte, die aber Einblick in spezifische Aspekte geben, hier vor allem: unfreiwilliger Eintritt, und unerlaubtes Verlassen des Klosters.[262]

Eintritt: genötigt, überredet, überzeugt. Daß viele junge Menschen einfach ins Kloster gesteckt wurden, ist bekannt. Aber hier erfahren wir aus dem Munde der Betroffenen nähere persönliche Umstände. Das ins Kloster abgeschobene ungeliebte Kind:

> «Als sie 12 Jahre alt war, wurde sie von ihrer Mutter, die eine andere Tochter hatte, die sie mehr lieb hatte, mit Zureden und Schlägen dazu gebracht, ins Kloster zu gehen. Da sie zu klösterlichem Leben keine Neigung empfand, verließ sie ein Jahr nach Eintritt ohne Erlaubnis das Kloster, wurde aber von ihrer Mutter zweimal ins Kloster zurückgebracht. Verzweifelt verweigerte sie die üblichen Gelübde. Sie wurde krank, und endlich erhielt sie die Erlaubnis und verließ das Kloster».[263]

Gleichfalls abgeschoben mußte sich Anna vorkommen, denn

«als Anna ein Kind war, kamen Schweine und fraßen ihr die linke Hand ab. Da Anna nun keine linke Hand mehr hatte, brachten Freunde und Eltern sie an einen abgeschiedenen Ort, wo einige Frauen ein einsiedlerisches Leben nach Art des Benediktinerordens führten. Da blieb sie nun für einige Jahre».

Doch als sie in eine andere Klausur gebracht und zum Betteln von Tür zu Tür angehalten wird, rebelliert sie, verläßt die Einsiedelei und kehrt in die Welt zurück, ja heiratet und wird Mutter.[264]

Worin die Gewalt bestand, mit der Stiefvater und Mutter die Neunjährige ins Kloster trieben, daran erinnert sich eine Frau aus Franken: «Sie drohten ihr oft, sie würden sie umbringen; er packte sie einmal am Arm, um sie aus dem Fenster zu werfen, und drückte sie auch einmal im Winter unter das Eis und hätte sie fast ertränkt».[265] Auch hier: wir wissen nicht, ob die Erzählung übertreibt; wir müssen uns wieder mit der Feststellung begnügen, daß sie nicht so unwahrscheinlich klang, daß man sie nicht akzeptiert hätte.

Besonders hartnäckig der Widerstand einer jungen Niederländerin. Mit 6 Jahren von den Eltern in ein Zisterzienserinnenkloster gebracht, flieht sie ein erstes Mal mit 9 Jahren, wird aber von Nonnen zurückgebracht; ein zweites Mal – immer in der Angst, zu den Gelübden genötigt zu werden – mit 11, abermals zurückgeholt und nun sicher verwahrt; mit 13 zur Profeß genötigt, dann mehrmals geflohen, zurückgeholt, eingekerkert – bis ihr dann der endgültige Ausbruch gelingt.[266] Bei einer anderen hätte der Vater wohl schließlich noch ein Einsehen gehabt, nicht aber die mächtige und reiche Verwandte (*que potens et dives erat*).

Mit 7 Jahren war ein Mädchen in ein Beginenhaus gegeben worden, aber sie will nicht den Rest ihres Lebens «einsam in einem Wald leben» *(in quadam silva)*. Umgekehrt eine andere Begine: sie will nun doch nicht ins Kloster, wo sie wegen der Streitereien keine Ruhe finde, sondern lieber in ihrer Klause bleiben *(in clusa in qua nunc est)*.[267]

Wie anhaltend und wie tief der Wille eines strengen Vaters das Leben eines Mädchens bedingen konnte, erzählt eine Frau, die mit 7 Jahren (nicht in ein Kloster, sondern) in ein Siechenhaus vor den Mauern von Löwen zu Büßerinnen, die dort Leprakranke betreuten, gegeben wurde, aber

> «nicht um Nonne zu werden, sondern um Lesen, Spinnen und Bedienen zu lernen. Als sie 4 Jahre dort gewesen war, kam ihr Vater, der ein strenger und rechtsunkundiger Mann war, eines Tages in den Konvent. Ohne sich darüber klar zu sein, daß das junge Mädchen sich vielleicht in ihrem Dienst mit der Lepra, einer ansteckenden Krankheit, infizieren könne *(lepre morbo qui contagiosus existit forsan infici posset)*, drohte er ihr, die von Dienst und Regel recht wenig Ahnung hatte, mit Schlägen, wenn sie nicht das tue was er befehle».

So legt sie, gegen ihren Willen, die Gelübde ab, verläßt aber unmittelbar nach dem Tod des Vaters den Konvent, nicht ohne sich vergewissert zu haben, daß sie sich nicht mit Lepra angesteckt habe.[268] Und sie tat gut daran, um nicht selbst im Siechenhaus zu enden: eine Franziskaner-Tertiarierin, die als leprös galt, wurde, wie sie berichtet, von ihren Mitschwestern nicht mehr versorgt.[269]

Die Mädchen überwiegen weitaus, wenn von unfreiwilligem Eintritt ins Kloster die Rede ist und von späterer Flucht: da wird dann oft geltend gemacht, daß sie ja «jung sind und nicht enthaltsam leben können, heiraten wollen und Mutter von Kindern werden».[270]

Fünfmal war ein Junge dem Kloster entlaufen, in das ihn, den Achtjährigen, der Vater gesteckt hatte. Immer vergeblich. Dann wartete er auf den Tod des Vaters. Ein anderer berichtet, wie seine Verwandten mit einem Trick in die Zelle, in die er sich eingeschlossen hatte, eingedrungen waren und ihn mit der Drohung, ihn sonst an Seilen aufzuhängen *(laqueis suspendere)*, dem Prior zur Profeß zugeführt hatten. Nicht daß er nicht Priester werden wollte: aber Weltpriester, nicht Mönch.[271]

Ein etwas ungewöhnlicher Fall: lieber ins Kloster als diesen Lehrer! Ein junger Adeliger aus der Diözese Lüttich, 16jährig, leidet dermaßen unter dem Rohrstock seines Erziehers *(sub ferula sui magistri sive pedagogi)* und begehrt dagegen auf, daß einige Franziskaner darin eine Chance sehen, ihn für ihren Orden zu gewinnen. Sie entführen ihn nachts aus seinem Haus in ihr Kloster nach Mecheln und stecken ihn früh am nächsten Morgen hastig ins Novizengewand. Als sein Vormund davon hört, schreibt er, entrüstet über den Hausfriedensbruch, ihnen sofort, sie sollten den Jungen nicht bei sich behalten. Am nächsten Tag kommt ein Onkel des Jungen, Doktor beider Rechte, ins Kloster, um mit seinem Neffen zu reden, und der scheint bereit, das Kloster wieder zu verlassen. Als das im Kloster bekannt wird, bringen einige Franziskaner den Jungen dazu, das Gelübde zu sprechen: «Ich gelobe Gott und dem heiligen Franziskus, an diesem Ort zu bleiben und ihn freiwillig nicht zu verlassen». Aber er war doch so jung! Und er hat es mehr aus Empörung über den strengen Lehrer getan, und ist nachts heimlich entführt, und vorschnell zum Gelübde gebracht worden, usw.[272]

Andere waren in durchaus mündigem Alter mehr oder weniger unfreiwillig in einen Orden geraten und schilderten, zu ihrer Rechtfertigung, nun genauer die Umstände. Ein junger Lehrer bei den Karmelitern in Perleberg hatte sich dazu überreden lassen, das Novizengewand anzulegen, hatte diesen Schritt aber nach wenigen Wochen bereut und nach Hause zurückkehren wollen. Gewaltsam zurückgebracht und ins Karmeliterkloster Magdeburg geschafft, wurde er dort praktisch in Haft gehalten und unter Drohungen zum Ordenseintritt gezwungen.[273] Oder: ein Priester, der mit einem Deutschordens-Komtur und dessen Gefolge von Preußen nach Livland in dessen Komturei ritt, war von diesem Komtur genötigt worden (so jedenfalls stellt er es dar), das Deutschordensgewand anzulegen und die Gelübde zu tun. Doch habe er das Gewand – wie von Anfang an vorgehabt – bald abgelegt, es allerdings aus Furcht noch einmal angelegt, als er Deutschordens-Gebiet durchquerte, und dann wieder abgelegt.[274]

Diese unschönen Episoden unfreiwilligen Eintritts dürfen nicht darüber hinwegtäuschen, daß in der Mehrheit der Fälle der Eintritt ins Kloster in freier Entscheidung aus religiösem Bedürfnis erfolgte. Hier einige Fälle von Menschen, die, umgekehrt, ins Kloster wollten, aber nicht konnten.

Überwiegend handelt es sich um Spätberufene, oft schon Pflegefälle, die nun kein Konvent mehr haben will. Etwa der alte Priester aus der Diözese Trier, der sich mit 70 zum Eintritt in den Kartäuserorden entschließt, dann aber nochmal einige Jahre damit wartet: doch da will ihn, inzwischen 80 und altersgebrechlich, *videntes eum adeo senio confractum*, keine Kartause mehr aufnehmen. Ein anderer hatte mit 70 für das Ende einer Krankheit den Eintritt in einen Augustinereremiten-Konvent gelobt, war dort aber wegen zu hohen Alters hinausgeworfen worden *(de quo propter eius senectutem deiectus fuit)* und dann bei den Benediktinern untergekommen. Andere sahen selber ein, daß es in ihrem Zustand (er habe «im Kopf den Fluß und ein Drittel des Kinnbackens mitsamt den Zähnen verloren») besser sei, den gelobten Ordenseintritt eher in andere gute Werke umwandeln zu lassen.[275]

Bei Jüngeren konnten auch äußere Gründe den guten Vorsatz behindern. Einer hatte eigentlich Mönch werden wollen, war inzwischen aber so gut situiert *(ad pinguiorem fortunam pervenerat)*, daß er es sich anders überlegt hatte. Oder es war die Familie, die dazwischentrat. Ein junger Mann aus adeliger Familie war vom Tode seines geliebten Bruders so erschüttert, daß er sich vornahm, in irgendeinen Orden einzutreten. «Um sich zu prüfen *(causa probationis)* ging er, ohne vorher mit seinem Vater und seinen Verwandten zu sprechen, in ein Haus der Zisterzienser namens Güterstein, wo er 8 Tage blieb, ohne ein Ordensgewand anzulegen oder irgendein Gelübde abzulegen». Aber er war der einzige Sohn, und so holte ihn sein Vater wieder nach Haus. Oder die Aufnahme ins Kloster war in Gefahr, weil der Entschluß allzu eigensinnig gefaßt war. So hatte ein Priester, beim Meßopfer tief ergriffen, gelobt, in das reformierte Benediktinerkloster Tegernsee einzutreten. Aber was, wenn Tegernsee ihn nicht will? Denn in ein anderes Kloster will *er* nicht! *(nullum aliud intrare cupit)*.[276]

Andere sind lange auf der Suche nach dem rechten Weg geistlichen Lebens. Einer hatte 6 Jahre als Einsiedler gelebt, dann 3 Jahre in einem Kloster (wo er sich zum Priester weihen ließ), wollte in den Orden definitiv eintreten aber erst, wenn der Bischof seinen üblichen Besuch im Kloster mache. Doch der kam nicht, so verließ er das Kloster ohne Erlaubnis und ging nach Rom – und möchte nun wieder in seine Einsiedelei zurückkehren.[277]

In einigen Fällen waren soziale Schranken zu beachten. In das adelige Damenstift des Zürcher Fraumünsters kam niemand hinein *nisi de nobili comitum et baronum genere procreata*, und die Klarisse Veronika von Geroldsegg konnte wunschgemäß dahin überwechseln, weil ihre Familie diesen Adelsrang besaß.[278] Umgekehrt mußte ein Priester eine Johanniter-Komturei bald wieder aufgeben, weil sie für Adelige reserviert war.

Konfliktsituationen und Verlassen des Klosters. Wie beim Eintritt, so sind auch beim Verlassen des Klosters die geschilderten Situationen – der Eigenart dieser Quellengattung entsprechend – nicht eben normale Fälle und lassen uns so die Wirklichkeit in einem besonders breiten Spektrum sehen.

Was die Mönche leiden und auf Auswege aus dem Kloster sinnen läßt, sind zunächst einige immer wieder genannte Konfliktsituationen. Vor allem Spannungen innerhalb der Klostergemeinschaft, oder in bzw. mit dem weltlichen Dienstpersonal (regelrechte *guerras inter se moverant*). Oder persönliche Schikanen durch Vorgesetzte oder Mitbrüder: ein Kartäuser fühlt sich derart gemobbt, daß ihm das auf den Magen schlägt *(propter quod in quandam stomaci debilitatem incidit)* und er in ein Benediktiner- oder ein Zisterzienserkloster übertreten möchte.[279] Gefürchtet ist der Klosterkerker, von seinen Schrecken ist mehrmals die Rede.[280] Oder ein neuer Abt und sein autoritäres oder doch ungewohntes Regiment bringt Unruhe: 15 Benediktinermönche greifen in einem regelrechten Aufstand den neuen Abt tätlich an. Im Kloster kursiert ein ehrenrühriges Pamphlet *(libellum famosum)* gegen den Abt, voll von Beschuldigungen; oder die Klosterziegelei wird ihm zum Tort niedergebrannt; oder die Mönche kerkern ihren Abt ein. Oder bei der Wahl einer Äbtissin war der – von Parteiung getrübte – Wahlvorgang trotz versprochener Geheimhaltung publik geworden, und nun war die Erregung groß.[281]

Oder es ist eben die Lebensweise, die man sich so nicht vorgestellt hatte. Bei den Prämonstratensern war die Regel doch leichter zu ertragen, sagt der zu den Kartäusern gewechselte Mönch, und will nun wieder zurück; beim Deutschen Orden gings mir doch besser, sagt der zu den Kartäusern gewechselte Ordensbruder und will nun wieder zurück, «gestreßt und erschöpft von zuviel Arbeiten, Fasten, wenig Essen und Trinken, kein Wein und Fleisch, Alleinsein: davon wird man ja wahnsinnig und wassersüchtig!»[282]

Ein anderer Deutschordensbruder war schon an vier verschiedene Orte abgeordnet worden: als man das nun ein fünftes Mal mit ihm macht, und auch noch in ein Ordenshaus *ultra mare* – wo er doch die Luft dort und überhaupt das Meer nicht vertrage –, wirft er verzweifelt das Ordensgewand hin. Aber Konflikte zwischen den Brüdern bleiben der meistgenannte Grund, und solche Ranküne konnte sich auch außerhalb des Konvents fortsetzen: so zwischen zwei Minoriten auf Predigt-Tour, wo der eine aus Neid dem anderen durch eine üble *(diffamata)* Frau ein wichtiges Buch entwenden läßt, und die bringt ihm gleich alle Bücher des anderen.[283]

Auch gesundheitliche Probleme sind es, die die Mönche an ihrem Kloster leiden lassen. Dem einen ist es zu kalt, und Öfen gebe es nicht; der andere kriegt dort so heftige Kopfschmerzen, daß er da nicht bleiben kann; einem sagen die Ärzte, gesunden könne er nur außerhalb des Klosters, oder verschreiben gar Heilbäder.[284] Ein anderer «verfiel in Trübsinn oder Einbildungen *(incidit in malencoliam sive fantasiam)*, die ihn krank machten, weshalb er jahre- und monatelang nicht schlafen konnte», und verläßt aus dieser Verzweiflung *(desperatio)* unerlaubt den Orden.[285] Ein weiterer meint, gegen seine «verborgene Krankheit» werde ein Luftwechsel guttun *(ut mutare possit aerem)*, und so möchte er von seinem Augustinerchorherrenstift Neuwerk unten vor den Mauern von Halle hinauf zu den Augustinern auf dem – besser durchlüfteten – Petersberg nördlich der Stadt wechseln (beide Äbte verweigern die Zustimmung, aber Rom hilft).[286]

Andere scheinen für das Klosterleben einfach nicht geschaffen – und doch kann es sie dorthin zurück ziehen. So der kurvenreiche Lebensweg (aber auch die Reue) eines Mönchs, der sein

Kloster Reinhardsbrunn in Thüringen unerlaubt verlassen hatte, mit einer Frau 38 (!) Jahre lang umhergestreift war und dabei auch einen Menschen umgebracht hatte – aber nun in sein Kloster zurückkehren möchte.[287]

Ein mehrmals genannter Grund, das Kloster zu verlassen, war auch die vom Abt verweigerte Erlaubnis, zum Studieren an eine Universität zu gehen. Das nahm der Mönch in Admont nicht hin und ging auch ohne Erlaubnis an die Universität Erfurt; das nahm erst recht der Mönch aus St. Lambert in Kärnten nicht hin, dem vor dem Eintritt die Fortführung seines Studiums versprochen worden war, und wandte sich deswegen sogar an Rom.[288]

Szenen klösterlichen Lebens. Die klösterliche Welt in ihrem Zusammenleben, ihren Gesprächen, ihren Spielen (was in diesen Mönchen steckte, zeigt der entlaufene Klosterbruder, der *farsas et moralitates lusit*, «lustige und dramatische Geschichten vorführte»[289]) bildet sich – immer in der Brechung des konkreten Falles – in diesen Suppliken ab. Schon bei Tischgesprächen konnte es hoch hergehen, wie hier bei den Augustinern in einem österreichischen Stift, wo

> «eines Abends am Eßtisch der Mönch Johannes Gundrichinger, 15 Jahre, und der Novize Lucas Lamprechtshauser, 11 jährig, in kindlichen Worten miteinander debattierten, wobei die Mitbrüder, die dieser Diskussion zuhörten, ins Lachen kamen. Nach dem Abendessen gingen Johannes und Lucas in den Schlafsaal des Klosters und debattierten dort weiter. Einer, der das dort sah und hörte, lachte darüber so schallend, daß es [den Verfasser der Supplik] dazu verlockte, auch dahin zu gehen, wo die Diskussion war. Als er dahin kam, war Johannes schon weggegangen, und Lucas, darum gefragt, sagte, er habe den Johannes so aufgebracht *(taliter concitasse)*, daß der wütend

weggegangen sei. Da stachelte [der Petent], als Junge und ohne böse Absicht, Lucas heiter dazu an, dem Johannes weiter zuzusetzen, aber Lucas sagte: ‹Das werde ich nicht tun, denn wenn ichs täte, bringt der mich um›; ‹Ach was *(non cures)*, das werden wir schon nicht zulassen ...›» – und so kommt es zum tödlichen Zusammenstoß.[290]

Aus dem Klosterleben hier noch eine Episode, die das Zusammenleben einmal nicht unter dem Gesichtspunkt Leiden und Konflikt schildert: ein Mönch macht vor seinen Mitbrüdern akrobatische Kunststückchen. Aber das geht bös aus.

«In der Krankenstube des Benediktinerklosters von Asbach saßen in der Vorfastenzeit die Mönche zu Essen und Erholung beisammen, wie das, mit Erlaubnis des Abtes, dort an diesem Tag seit langem Brauch war. Nach einigen manierlichen Späßen *(honesta solatia)* möchte einer von ihnen, Matthäus, seine Gewandtheit im Springen und anderem Spiel vorführen *(pretendens agilitatem persone sue saltando et aliter ludendo demonstrare)*. Er steigt auf einen Tisch, greift nach einem Holz, *falanga* genannt, das zum Aufhängen von Servietten und Tischtüchern quer durch den Raum gezogen war, setzte sich darauf und führte an diesem Holz weitere Kunststückchen vor. Dann stieg er herunter und sagte: ‹Vielleicht kann das Holz doch brechen›, *forsan falanga potest rumpi*. Drei Mönche [die Supplikanten, die diese Eingabe machen], die ihn für seine Geschicklichkeit bei den Vorführungen bewunderten, die er über sein übliches Repertoire hinaus da zeigte *(de actibus quos preter consuetudinem suam tunc ostendebat)*, antworteten ihm, dieses Holz bzw. *falanga* sehe doch ziemlich fest aus. Schließlich – vielleicht um irgendein neues Stück seiner Gewandtheit zu zeigen, aber nicht auf irgendjemandes Befehl oder Zureden, sondern aus eigenem Antrieb – klettert er wieder auf dieses Holz.

Da bricht zufällig einer der Eisenringe, in die das Holz auf einer Seite eingeschoben war, der Mönch stürzt mitsamt dem Holz auf den Boden, und stirbt am nächsten Tag».

Die drei Mönche, die durch ihre arglose Bemerkung über die Stabilität des Balkens ihren Mitbruder unabsichtlich zum zweiten, tödlichen Akt seiner Darbietung veranlaßten, bitten um Feststellung ihrer Schuldlosigkeit.[291]

Von den vielfältigen Aspekten, unter denen das klösterliche Leben in dieser Quelle erscheint, sei noch ein Vorgang angesprochen, der tiefgreifende Folgen für das Leben des Einzelnen haben konnte: die Klosterreform. Angestoßen durch die Reformkonzilien, getragen vom tiefen Wunsch nach geistlicher Erneuerung, betrieben durch entschlossene Reformkongregationen, erfaßte der Gedanke, die Regel in ihrer ursprünglichen Strenge zu beachten, ganze Orden.[292]

Klosterreform als Eingriff. Wie unmittelbar dieser Eingriff empfunden wurde, und wie einige mit Verzweiflung, mit Empörung oder Resignation darauf reagierten, scheint sogar in der gedämpften Sprache dieser Eingaben durch. Da wurde man aus dem Konvent, dem man jahrzehntelang angehört hatte, einfach «rausgeworfen» *(expulsi)* und andere «reingesetzt» *(intrusi)*.[293] Bewegend der Versuch einer alten Nonne, die doch einmal sehen will, ob sie – nach der Reform ihres Klosters – die strengeren Formen nicht doch schaffe. Sie berichtet,

> «daß in diesem Kloster, in dem sie ihre Gelübde abgelegt und mehr als 40 Jahre Gott gedient habe, dann einige andere Nonnen von der Observanz dieses Ordens hineingesetzt wurden *(intruse fuissent)* und einige von den früheren Nonnen das Kloster verließen. Da habe sie sich prüfen wollen, ob sie diese strikte Observanz des Ordens in diesem Kloster nicht doch

befolgen könne, und sei, um sich zu erproben, nicht nur ein Jahr, sondern länger geblieben. Da sie mit ihren ungefähr 56 Jahren diese striktere Regel nicht einhalten konnte, bat sie die Äbtissin um Erlaubnis, das Kloster zu verlassen *(licentia)*. Als sie die nicht erhielt, verließ sie gleichwohl das Kloster für 6 Wochen, kehrte aber auf Weisung *(ex instructu)* ihres Bruders und ihrer Verwandten ins Kloster zurück, um es noch einmal ernsthaft zu probieren *(causa se melius probandi)*. Da aber ... riß ihr die Äbtissin den Schleier vom Kopf, nahm ihr den übrigen Ordenshabit weg und züchtigte sie in unwürdiger Weise. Weil sie wegen ihres Alters eine solche Züchtigung nicht ertragen konnte, bat sie noch einmal um Erlaubnis zum Verlassen, und als sie die nicht erhielt, verließ sie das Kloster ...».[294]

Eine deutlichere Sprache sprechen zwei adelige Benediktinerinnen aus Lothringen, Agnes Holzapfelin und Johanna von Esch. Sie waren von ihren Familien jung ins Kloster gesteckt worden und hatten dort zunächst problemlos gelebt. Dann aber wurde das Kloster reformiert, und sie wurden durch die Klosterreform

«mit abscheulichen, ungewohnten und der menschlichen – zumal der weiblichen – Lebensart zuwideren und unerträglichen Bedingungen neu belastet ..., und noch täglich wird daran herumreformiert *(et dietim reformatur)* ... Da sie bei ihrem Eintritt ins Kloster kein strengeres Leben dort zu führen gedachten als es eben damals war, und sie die Gelübde nicht abgelegt hätten, wenn sie gewußt hätten, daß das in diesem Sinne reformiert werde»,

bitten sie um Aufnahme in ein Kloster mit milderem Regime (meist will man eine Regel *par vel artior*, «gleich oder strenger», während *mitior*, «milder», ungewöhnlich ist).[295]

Auch andere merken gleich, daß sie das nicht mitmachen wollen, wie die Nonne aus Gotteszell bei Schwäbisch Gmünd:

«Da änderte sich die Lebensweise. Sie wollte diese Reform nicht mitmachen *(nolens reformationem huiusmodi recipere)*, sondern wünschte eher nach ihren früheren Gelübden zu leben, verließ leichtfertigerweise ohne Erlaubnis das Kloster und ging, ohne das Ordensgewand abzulegen, zu ihren Eltern». Und wer schon gegen seinen Willen ins Kloster gesteckt worden war, sah sich mit einer strengen Klosterreform vom Regen in die Traufe kommen, fand darin aber auch den willkommenen Anlaß, in die Welt zurückzukehren: *introducta fuit reformatio ita ardua ordinis cisterciensis, quod exponens et omnes alie moniales exirent.*[296]

Da kamen nun Reformatoren und nahmen dem Kloster beispielsweise das Privileg, an einigen Wochentagen doch Fleisch essen und Leinen tragen zu dürfen – und das sei doch nun ärgerlich, denn an Fisch sei hier schwer zu kommen (in Lüneburg!), die Gegend sei sehr kalt, die Mönche überwiegend ritterbürtig und an Fleischspeisen und Leinenkleidung eben gewöhnt und würden ohne das wahrscheinlich krank. Man wird vorsichtig und macht sich nun sogar ein Gewissen daraus, für die Aufnahme ins Kloster, wie früher üblich, Geld gegeben zu haben – und das könne jetzt, im gleichen (aber inzwischen reformierten) Kloster, als Simonie aufgefaßt werden![297]

Anderen wieder ist ihr Kloster zu lax *(moniales non sunt clause et quasi seculariter vivunt)*, sie bitten um Versetzung in ein Kloster der Observanz.[298] Zu lax scheint einem Mönch vielleicht auch das Leben im Augustinereremitenkloster in Erfurt (12 Jahre später wird hier Martin Luther eintreten!), ruhigen Gewissens könne er in diesem Orden nicht bleiben, lieber wolle er zur Observanz des Franziskanerordens übertreten.[299]

Krieg

Aus dem Kloster in den Krieg. Ein besonders brüsker Weg, das Kloster zu verlassen und in die Welt zurückzukehren, ist der Schritt aus der Stille der Zelle in das Getümmel des Krieges: der Mönch wird Soldat, *in guerris cum soldatis et ut soldatus interfuit*. Zwar konnte auch ein Kloster seinen schönen Waffenvorrat haben, aus dem im Notfall an die Verteidiger Waffen verteilt wurden («aus dem Schrank des Klosters, *de armario cenobii*, reichte er ihnen Schwerter, Lanzen, Armbrüste und Schilde»).[300] Aber der Weg aus dem Kloster direkt in den Krieg war doch ein Abenteuer besonderer Art. Einige kehrten denn auch ins Kloster zurück, und nur von denen erfahren wir. So die drei Augustiner-Eremiten, die offensichtlich gleichzeitig ihren Konvent Gmünd verließen und Soldaten wurden. Oder der Benediktiner aus Metz: mit 11 ins Kloster, mit 13 hinaus in den Krieg, mit 16 wieder ins Kloster. Ein anderer sah mit Verlassen des Klosters seinen Lebensunterhalt verloren und wählte darum den Krieg *(paupertate oppressus ... ad quasdam guerras Alamanie inferioris se transtulit)*.[301]

Bei einem anderen wird nahezu eine Lebensgeschichte daraus. Johannes Oppseer, Mönch des Prämonstratenserklosters Weissenau (Ravensburg), hatte, schon Subdiakon, sein Kloster verlassen, die Kutte abgelegt, die Tonsur aufgegeben und sich einem weltlichen Herrn angeschlossen, der damals gerade mit der Stadt

Ravensburg in Fehde lag. Mit dessen Söldnern hatte er öfters Raubzüge mitgemacht, dabei aber selbst niemanden getötet oder dabei geholfen (außer daß er einmal in einem feindlichen Dorf mit einer Handvoll Stroh ein Haus mitangezündet, dann aber auch beim Löschen geholfen habe). Von den gegnerischen Söldnern gefangen genommen und nach Ravensburg gebracht, beruft er sich auf sein nahe gelegenes Kloster. Er wird dem Abt vorgeführt, eingesperrt und bestraft. Nun wünscht er wirklich, vom Hl. Stuhl Absolution und Dispens zu erhalten. Er beauftragt damit einen Priester, der in der Nähe des Klosters weilt und nach Rom gehen will. Aber was der ihm dann mitbringt, und wofür er auch noch 9 rheinische Gulden Spesen verlangt, das ist für den Mönch völlig unzureichend *(omnino inutilis)*, weil «Mord, Plünderung, Raub» darin nicht vorkomme.

«Wütend bedrohte er den Priester: wenn er ihn in die Hände kriege, wolle er ihn schon noch dazu zwingen, daß er ihm Genugtuung leiste für seine Nachlässigkeit; denn wenn er ihm nicht die Erlangung von Absolution und Dispens versprochen hätte, wäre er selbst zur Römischen Kurie gegangen! Immer erregter werdend, verließ er abermals das Kloster mit dem Vorsatz, diesen Priester zu schädigen, legte wieder Kutte und Tonsur ab, raubte ein Pferd – von dem er annahm, es gehöre dem Priester, was aber gar nicht der Fall war – und verkaufte es für 1 rhein. Gulden, obwohl es vielleicht 13 oder 15 Gulden wert war, und verwendete den Gulden für sich. Seine Großmutter kaufte das Pferd dem Käufer für 1 Gulden wieder ab und gab es dem Besitzer zurück. Er schloß sich nun wieder einer Söldnerbande an und verbrachte mit ihnen einen Monat in einer Stadt mit Essen und Trinken und sich's wohlsein lassend, aber ohne bei Plünderung, Raub, Brandschatzung oder anderen Untaten mitzumachen.»

Endlich kommt er zur Besinnung und geht reumütig nach Rom, um sich lösen zu lassen.[302]

Aus grossen Kriegen und kleinen Fehden. In kriegerische Ereignisse verwickelt gewesen zu sein und dabei, auch ohne als Soldat zu kämpfen, vielleicht getötet zu haben, ist oft Anlaß dieser Suppliken – und wie könnte es anders sein, die Zeit gab genug Gelegenheit: Hussitenkriege, Türkenkriege, Burgunderkriege, sie alle kommen vor (daß es ein *bellum publicum*, ja *bellum iustum* war, in dem man kämpfte, wird zunehmend hervorgehoben[303]).

Dazu lokale Fehden jeder Größe, auch kleine und doch schreckliche: der Feind im Dorf (Abb. 13). Wie er in Ungarn eine Kirche unter Kanonenbeschuß verteidigte; wie er im Elsaß bei einer Städtefehde einen Bagagewagen lenkte; wie er in Mautern an der Donau die Hinrichtung von 24 Gefangenen bei der Rückeroberung durch den Bischof erlebte; wie er, ein junger Johanniter, bei einem Gefecht zu seinem Schrecken hörte, auf der Gegenseite stehe ein Komtur seines Ordens, und wie schlau er diesen Loyalitätskonflikt löste, um nicht der eigenen Seite als Verräter zu erscheinen: all das muß zuerst einmal berichtet werden, bevor man zur Sache kommt![304] Wir sehen eine Burg, die sich eilig verproviantiert; Kanonen, die in Stellung gebracht werden; ein Städtchen, das sich in Verteidigungszustand setzt; eine große Stadt, die in Erwartung des Feindes vor den Mauern ein ganzes Kloster niederlegt, um freieres Schußfeld zu haben[305] (daß das noch vor die Pönitentiarie führen werde, wird der Stadtrat früh geahnt haben). Bischof und Domkanoniker von Zagreb müssen bekennen, beim Kampf zwischen Deutschen und Ungarn um die Burg Medved bei Zagreb nicht nur eigene Leute eingesetzt, sondern dem Kampf auch zugeschaut zu haben, denn der Bischof «wollte ja wissen, wie es ausgeht» *(ut videret finem)*.[306]

Abb. 13. Der Feind im Dorf. Auch große Kriege werden hier nur aus der engen Sicht einfacher Betroffener erlebt und berichtet. Ein Trupp Bewaffneter hält in einem verschneiten Dorf. Zwischen hilflosen Männern und flehenden Frauen werden Kinder ergriffen, Fenster eingeschlagen, Türen eingetreten. Pieter Bruegel, Bethlehemitischer Kindermord (um 1565). Wien, Kunsthistorisches Museum.

Abb. 14. Ihrem Herrn einst als junge Diener in die Rüstung geholfen zu haben, war für einige Geistliche im Nachhinein bereits ein Gewissensproblem. Tatsächlich kam man ohne Hilfe da nicht hinein. Wieviel allein an einem Helm (hier: Turnierhelm) zu nesteln und zu schnallen war, zeigt dieses Blatt von Albrecht Dürer (um 1498), Ausschnitt. Louvre, Dép. des arts graphiques.

Und immer wieder erscheinen Adelige, die sich pauschal für ihre «Teilnahme an Brandschatzung, Plünderung und Raub» absolvieren lassen. Allein für die beiden letzten Monate des Jahres 1450 – wohl weil ein Heiliges Jahr zu Ende ging – liegen nicht weniger als 125 solcher Gesuche vor, in denen namentlich genannte Personen sich um Absolution von ihren Kriegsuntaten – «mit und ohne Aufbrechen von Kirchen», *cum et sine effractione locorum sacrorum* – bemühten.[307] Noch pauschaler alle denkbaren Missetaten abdeckend der Lösungswunsch eines anderen: er glaube zwar nicht, daß er der Exkommunikation, dem Interdikt oder sonst einem Spruch verfallen sei, aber da es einem gut anstehe, Schuld zu befürchten, auch wenn gar keine vorliege[308], habe er Zweifel, ob er nicht vielleicht früher, in verschiedenen kriegerischen Aktionen, im Zorn bei Spiel oder Strafe sich an geistlichen Personen vergangen habe unterhalb des Blutvergießens (und dann folgen aufgezählt weitere eventuelle Vergehen, darunter Lösegelder, Schatzungen usw.).[309] Einen Ritter behinderte eine Kirchenstrafe ja sozusagen an der Ausübung seines Hauptberufes (wie einmal auch direkt ausgesprochen wird: *cum aliter guerras accedere non possit*, «weil er andernfalls nicht in den Krieg ziehen kann»).[310]

Denn an Kriegen teilzunehmen gehörte einfach zu adeliger Lebensart: Er habe in seinem Stande gar keine andere Wahl gehabt, beteuert ein Adeliger, als *iuxta nobilium ordinationem et consuetudinem* im Aufgebot mit den anderen in den Krieg zu ziehen.[311] Hört man hingegen die Geistlichen, wie sie in jungen Jahren, oft noch Laien, an Kriegen teilgenommen hatten, ohne je einen Feind auch nur zu verwunden, und sich nun ein Gewissen daraus machten, damals auch nur ihrem Herrn in die Rüstung geholfen zu haben (vgl. Abb. 14), könnte man ein seltsames Bild von der Schlagkraft dieser Heere gewinnen!

Auch ohne Krieg konnten diese Adeligen recht unsanft mit Geistlichen umgehen. Das zeigt der von einem Ritter eingekerkerte Domherr von Halberstadt, der sich mit zusammengebundenen Laken (*nonnulla linteamina insimul ligavit* – aber leider rißen sie) aus dem Fenster des Burgturms abseilt; der schlesische Pfarrer, der «wegen des Hasses und aus Furcht vor den dort wohnenden Adeligen» sein Amt nicht mehr ausüben kann; der unter Verdacht des Diebstahls von Kirchengerät durch seine Patronatsherrn zu Tode verhörte Pfarrer in der Diözese Halberstadt.[312] Aber zurück in den Krieg.

Seeräuber und Seeschlachten. Von Seeschlachten, Seeräubern und anderen Seeabenteuern erfahren wir durch Gesuche aus küstennahen Regionen. Etwa weil sich ein Geistlicher gerade auf einem Schiff befand, das sich gegen Seeräuber zur Wehr setzen mußte: bei erfolgreichem Kampf führte das unweigerlich zur Hinrichtung der Piraten, woraus sich nun wiederum der Geistliche ein Gewissen zu machen und den Hergang zu erzählen hatte.[313] Da war der Schreiber der deutschen Hansekaufleute in Brügge, der Geistliche Gobelinus Marten, doch aus anderem Holz: in seiner Bitte um Absolution *de irregularitate* nennt er nicht nur die Briefe, die er in Ausübung seines Amtes nach Seegefechten und Kaperungen an Hansestädte geschrieben hatte, er verkleinert auch nicht die Folgen der dadurch organisierten Gegenaktionen: «Sie bewaffneten daraufhin mehrere Schiffe, nahmen die Seeräuber gefangen, einige von ihnen warfen sie ins Meer, 72 nahmen sie mit und richteten sie hin».[314]

Daß die Seeräuber nicht nur Schiffe, sondern auch Küstenstädte überfielen, und welche Emotionen, ja Selbsthilfeaktionen gegen Amtsträger solche Überfälle auslösten, wird ausführlich in einem mecklenburgischen Fall erzählt, der zwischen Stralsund

ABB. 15. Seestürme und Seenot kommen in den Gesuchen häufiger vor, da sie oft zu Gelübden führten, die nicht immer eingehalten werden konnten und darum gelöst werden mußten. Hier wird ein Schiffbrüchiger, an eine Kiste geklammert, von einer Frau an den Haaren an Land gezogen. Illustration zu Boccaccio, Decamerone II 4, in der um 1430/40 für Herzog Philipp den Guten von Burgund geschaffenen französischen Decamerone-Handschrift. Paris, Bibliothèque de l'Arsenal, ms. 5070.

und Barth spielt. Fast schon rührend hingegen das Geständnis eines Mannes, der einmal als 10jähriger Junge kurz auf einem Seeräuberschiff mitgefahren war und sich hinterher vor anderen gebrüstet hatte, er habe auch beim Seeraub mitgemacht. Jetzt, als Priester, wurde ihm bewußt, wie schädlich ihm diese jungenhafte Angeberei sein könnte, und er dementierte sie nachdrücklich.[315]

Eine regelrechte Seeschlacht erleben sechs Geistliche aus den die Ostsee berührenden Diözesen Kammin, Schwerin und Roskilde. Sie seien im Dienst des Herzogs von Stettin und Fürsten von Rügen, Barnims des Jüngeren, auf dessen Flotte gegen Dänemark mitgefahren, da seien sie von großen feindlichen Schiffen angegriffen worden. Ihr Anteil an dem verlustreichen Gefecht sei aber nur gewesen, dem Herzog die Fernwaffen zu reichen.[316] Nicht ungefährlich auch die Aufgabe, die einem Notar zugefallen war: er sollte einige Dithmarscher auf einem Schiff verhaften *(nonnullos Ditmarticos laicos existentes in quadam nave arrestaret)*, und die machten ihm das nicht leicht.[317] Seestürme und Seenot kommen häufiger vor (vgl. Abb. 15), da einige hinterher von ihren Gelübden gelöst werden möchten: darunter ist auch ein Mann, der noch mit 70 Jahren zur See fährt.[318]

HANDFEUERWAFFEN: HANTIEREN MIT EINER NEUEN ERFINDUNG. In diesem Zusammenhang kriegerischer Auseinandersetzungen werden auch schon Feuerwaffen erwähnt, ja man hantiert mit dieser bestaunten Erfindung auch bei festlichen Gesellschaften. Die Feuerwaffe, vor allem die Handfeuerwaffe (Abb. 16), war noch recht neu, da konnte noch einiges schiefgehen – wie in diesen beiden Fällen aus dem Pontifikat Pius' II., der die Erfindung und die Handhabung der Muskete in seinen *Commentarii* ausführlich beschreibt (was man in der Autobiogra-

Abb. 16. Die Handfeuerwaffe, damals noch eine junge Erfindung, führte in der Hand von Unerfahrenen häufig zu Unfällen, wie in den Gesuchen der Pönitentiarie mehrmals beschrieben wird. Hier eine solche Waffe in der Hand des Todes, auf einem italienischen Totentanz von 1485. Clusone bei Bergamo, Oratorio dei Disciplini, Fresko (Ausschnitt).

phie eines Papstes nicht gerade erwartet).[319] Und gerade aus seinem Pontifikat werden uns folgende Unglücksfälle berichtet. Da tut ein Geistlicher in Polen

> «in ein Instrument aus Eisen, ‹Büchse› (piscida) genannt, ein Papier mit gewissen Pulvern, zündet endlich, damit es knallt *(ut sonum faceret)*, ein Feuer an und hält das Instrument nach oben, damit es niemandem schade. Gegen seinen Willen richtet einer, der hinter ihm steht, das Instrument auf die Leute»

– und so trifft es einen tödlich.[320] Ähnliches widerfährt einem Priester aus der Diözese Trier. Dem hatten einige Höhergestellte seiner Diözese,

> «als sie eines Tages in seiner Wohnung zur Unterhaltung beisammensaßen, auf alle Weise zugeredet, mit einer kleinen Bombarde *(bombardella)* zu schießen, über deren Leistung sie staunten. Da er meinte, die Aufforderung seiner Vorgesetzten nicht abschlagen zu können, richtete er diese kleine Bombarde aus seinem Stubenfenster auf die Wand gegenüber *(per fenestram stube in parietem oppositum)*; aus Angst vor der Flamme lenkte er aber [den Schuß] von dem Ziel, auf das er halten wollte, ab, und traf einen alten Mann, den er nicht bemerkt hatte, bei einem Stadttor so sehr mit der Kugel in den Schenkel», daß der daran starb.[321]

Auch in weiteren Fällen sehen wir Priester bei geselligem Essen zur Unterhaltung, *inter alia solacia*, Handbüchsen abschießen (und sich oder andere verletzen) – denn im Ernstfall dürfen sie das ja gar nicht. Und wenn sie es doch tun wie der ungarische Priester, der «vom Turm der Pfarrkirche mit einigen kleinen Büchsen *(bombardellis)* Kugeln aus Eisen, Blei und Steinen» auf die Feinde schoß[322], dann müssen sie erst recht vor die Pönitentiarie.

Aber bei einem Zielschießen läßt man sie doch mitmachen. In einer Burg des Erzbischofs von Trier sieht ein Vikar zu, wie «viele Laien und Soldaten des Erzbischofs zum Spaß mit Handbüchsen *(cum bombardis manualibus)* auf einen Pfahl schossen. Einer reichte eine Büchse, die er schußbereit in der Hand hatte, dem Geistlichen, der auf der Brücke der Burg stand. Der nahm sie, zielte und schoß. Alle Anwesenden lobten, er habe gut geschossen, darum solle ers nochmal tun. Wie er nun das zweite Mal das Instrument nahm und der Laie es noch im Arm hatte, wollte er, um es besser schußbereit zu machen, wieder Feuer darauftun. Als einer der Umstehenden warnte, das könne gefährlich werden, die Umstehenden sollten zurücktreten, da schoß das Instrument, noch im Arm des anderen, eine Kugel heraus»

– und schon ist es geschehen.[323]

Natürlich schießt man auch schon auf Vögel. Ein Priester aus Franken berichtet,

«daß er einst mit einigen anderen Geistlichen zur Erholung, wie dort üblich, zu einem Gewässer bzw. Fluß außerhalb der Stadt, wo er damals wohnte, gegangen sei, um Vögel auf diesem Fluß zu fangen oder zu töten. Als er am Fluß angekommen war, nahm er eine kleine Bombarde, womit man dort die Vögel zu kriegen pflegt, und machte sie fertig. Da sei ein Schiff mit ungefähr 20 Personen den Fluß herabgekommen. Er hielt inne, bis das Schiff vorbei sei, und als er glaubte, das Schiff sei nun an sicherem Ort und die Passagiere außer Schußweite, tat er die Kugel in die Bombarde, schoß ab und traf ganz gegen seinen Willen, weil die Kugel den Vogel berührte und tötete [und dadurch umgelenkt wurde], einen der Passagiere an der Kehle und verletzte ihn tödlich».[324]

Daß die Handbüchse in einem andern Fall, als sie nun wirklich Menschen treffen sollte, nicht traf, war das Glück des Erzählenden, denn anderenfalls wäre seine geistliche Karriere in Gefahr gewesen. Er stellt den Vorfall so dar. Bei der Verteidigung des Städtchens Warendorf bei Münster habe er, als Junge im Schulalter, mit den Bürgern draußen vor den Mauern über dem Stadtgraben gestanden. Darunter war ein Mann,

> «der eine Handbüchse *(quandam bombardam manualem sive scopetam)* schußbereit in Händen hielt und sagte: ‹Reich mir Feuer und tu's auf die Büchse›. Der Junge glaubte in seiner Einfalt, nichts Böses dabei zu tun, tat das Feuer auf die Büchse des Mannes, der nun ein Steinchen von der Größe einer Haselnuß *(lapillum in quantitate unius nucis avellane)*[325] gegen die Feinde schoß, die weit entfernt lagen. Am nächsten Tag zogen die Feinde mit ihrem Heer ab, und als die Warendorfer die Stelle besichtigten, wo jene gelegen hatten, fanden sie keinen Toten oder Verwundeten, der von der Büchse getroffen gewesen wäre».[326]

Ein anderer Geistlicher, gleichfalls aus Westfalen, scheint weniger empfindlich. Er hatte jung bei der Verteidigung seines Heimatortes gegen den Herzog von Burgund geholfen, Bombarden in die richtige Position zu schieben und Kugeln *(bolos plumbeos)* zu verfertigen – daran seien wohl einige Feinde gestorben, meint dieser Mönch, der seinen Anteil einmal nicht verkleinert.[327]

Daß die Handbüchse zur Mordwaffe wird, ist wegen ihrer Unhandlichkeit damals noch selten – so in der Hand des verluderten, glücksspielenden Schwiegersohns, der wegen der Strafpredigten des Schwiegervaters, eines Priesters, zuhause endlich *cum pixide* («Büchse») *seu scopetta* auf ihn schießt.[328] In der Regel greift man zu traditionelleren Waffen. Unter den Fernwaffen wird, bei Anschlägen wie bei Unfällen, häufig die Armbrust genannt, die damals erheblich entwickelt war, auch in allen Einzel-

Abb. 17. Auch Armbrustschießen wird – im Ernstfall und als Zielschießen – in unserer Quelle häufiger praktiziert. Unter den zahlreichen Schießplätzen hier ein besonders komfortabel ausgestatteter in Konstanz mit fahrbarem Schützenstand und manueller Trefferanzeige, dargestellt anläßlich eines Wettschießens 1458 mit anschließender Schlägerei zwischen Eidgenossen und Schwaben (rechts) wegen in beleidigender Form zurückgewiesener Berner Münzen. Bilderchronik des Diebold Schilling (sog. Luzerner Schilling, 1513).

teilen geliefert wurde[329] und vor allem in ihrer stählernen Ausführung große Durchschlagskraft hatte.

Das Versöhnungsessen eines Pfarrers endet in einem Armbrustgefecht, das in allen Einzelheiten geschildert wird: erst als Zimmerschlacht, bei der die Glasfenster zu Bruch gehen, dann draußen – bis der Pfarrer endlich, in Notwehr, jemandem die Armbrust entreißt und zurückschießt, mit fatalen Folgen. Oder: In der Nähe des Pfarrhauses machen einige Jungen Zielschießen mit ihren Armbrüsten. Einer schafft es nicht, seine Armbrust zu spannen, und bittet den Pfarrer darum. Der tut das – in dem Augenblick kommt ein Betrunkener, der hier zuvor randaliert hatte, bewaffnet zurück und wird aggressiv: als er den Pfarrer niederschlägt, löst sich die gespannte Armbrust in seiner Hand und trifft den Angreifer tödlich.[330] Oder der tödliche Schuß, der sich, auf dem Weg von Bamberg nach Ulm, in einer Reisegesellschaft aus einer Armbrust löst, die ein Geistlicher, «wie dort üblich», bei sich führte. Oder der Unfall auf dem Armbrustschießplatz (*ubi cum balistis ad metam sagittare consuetum erat* – und solche Schießplätze gab es damals in vielen Orten, Abb. 17) , als der Mann, der einen weißen Knochen als Ziel ausgelegt hatte, sich nicht rasch genug entfernte.[331]

Aber auch bei der traditionellsten Fernwaffe, dem Bogen, konnte so einiges passieren. Ein Regularkanoniker von St. Gertrud in Löwen berichtet, wie sie einst nach einem Essen im Hause eines Laien

> «mit Bögen das Haus verlassen hätten und zu einer Scheune gegenüber gegangen seien, um zur Entspannung Pfeile gegen die Scheunenwand zu schießen, wobei ein anderer ihnen als Ziel einen Hut in eine Öffnung der Wand gesteckt habe *(eisdem sagittariis birettum quoddam pro signo sagittandi in foramen parietis locasset)*. Um dem anderen zuvorzukommen, habe er einen

Pfeil abgeschossen, der die Scheunenwand durchschlug und dabei einen alten Mann, der die Scheune heimlich betreten hatte, zufällig an der Kehle verwundete, woran dieser nach einiger Zeit starb».[332]

Im Wirtshaus

Unerschöpflich sind Wirtshaus-Geschichten. Denn im Wirtshaus treffen – in diesen nördlichen Ländern mehr als in südlichen – Menschen zusammen, lassen sich gehen, heizen bei Spiel und Alkohol ihre Stimmung und ihre Konflikte auf (Abb. 18). Da kann Schlimmes sogar in Gasthäusern geschehen, die einen so guten Ruf haben, daß sie (wie eigens hervorgehoben wird) auch von Geistlichen aufgesucht werden können.[333] Hier eine erste Szene.

Im Gasthaus eines Trierer Schöffen.

«Herein kam ein Franzose oder Italiener *(Gallicus sive Lombardus)*, ließ sich Wein bringen und nahm sich selbst, ohne jemanden zu fragen, ein Stück Speck oder Salzfleisch. Als nach dem Abendessen die Wirtsmagd mit dem Italiener abrechnen wollte und sah, daß der nicht korrekt bezahlen mochte und die Bezahlung des Salzfleisches, das er sich genommen hatte, schon verweigerte, rief sie den Hausknecht, damit der mit dem Italiener abrechne. Der Italiener sagte, als der Hausknecht zum Abrechnen kam: ‹Was mischst du dich in meine Angelegenheiten?› ‹Weil ich hier der Hausknecht bin!› Da schlug der Italiener ihn zweimal und wollte sein Messer ziehen – doch da holte der andere in Notwehr zu seiner Verteidigung das Hämmerchen hervor, das die Knechte in dieser Ge-

Abb. 18. Ein Wirtshaus – hier ein kümmerliches mit dem Schild ‹Zum Schwanen› –, wie es als Schauplatz heftigen Streits so oft in den Gesuchen genannt wird. Hieronymus Bosch, Der Verlorene Sohn (um 1510), Ausschnitt. Rotterdam, Museum Boymans-van Beuningen.

gend für ihre Arbeit immer bei sich tragen, und schlug den Italiener damit auf den Kopf» (aber nur ein Mal, und wenn der die Wunde richtig versorgt hätte, wäre er nicht gestorben).[334]

Der Wortschatz der Trunkenheit. Getrunken wird viel, und für die Wirkung des Alkohols steht ein reicher Wortschatz zur Verfügung: nicht nur *ebrius*, *inebriatus* ‹betrunken›, sondern auch *vino* oder *cervisia suffusus* ‹durchtränkt›, *profusus* ‹bespült›, *gravatus* ‹beschwert›, *offuscatus* ‹benebelt›, *captus* ‹gefangen›, *repletus* ‹angefüllt›, *devictus* ‹total übermannt›, *estuatus* ‹erhitzt› (und infolgedessen *quasi demens* ‹fast verblödet›, *mentis sue non compos,* ‹seiner Sinne nicht mächtig›), eine Frau ist *vinosa seu potuta*[335], usw., um – mal beschuldigend, mal entschuldigend – die Tat glaubhafter zu machen. Auch das (auf Italiener besonders barbarisch wirkende, weil befohlene) «Ex!», das «Trinken in gleichen Zügen» *(ad equales haustus bibere)*, wird genannt[336] und mußte in der Pönitentiarie wohl erst einmal erklärt werden. Als ein Priester seiner Gemeinde deswegen ins Gewissen redete und den Pfarrkindern «beiderlei Geschlechts» (!) das gleichziehende Leeren voller Krüge verbieten wollte, wurde er beschimpft, ja in seiner Wohnung tätlich angegriffen. Schon das unterlassene Austrinken gereichten Bieres konnte tödlich beleidigen.[337] Natürlich waren sich auch die Wirte des Problems bewußt – aber was sollten sie tun? In das Gasthaus seiner Eltern, erzählt ein Naumburger Kleriker, kamen zwei Männer zum Trinken. «Als seine Mutter sah, daß sie schon vom Wein erhitzt und betrunken waren, weigerte sie sich, ihnen Bier auszuschenken. Da nach des Landes Brauch ein öffentlicher Schankwirt aber den Leuten Bier ausschenken muß ...».[338]

Die Folgen sind denn auch entsprechend, der Koma-Suff wird in schlichten Worten beschrieben: eine Frau «sank volltrunken unter eine Bank *(sub quodam bancho)* und blieb 2 Tage im Rausch»; ein Mann, der in einer Scheune seinen Rausch ausschlafen will, wacht gar nicht wieder auf, «erstickt am Suff» *(in nimia repletione potus suffocatus)*, usw.[339]

Wortwechsel, Streitanlässe, Zimmerschlachten. Schlimm wird es, wenn das Bier zu Ende ist oder der Wirt Schluß machen will – auch wenn es der Pfarrer selber ist, wie in diesem oberpfälzischen Dorf.

> «Da verkaufte der Pfarrer, wie das dort üblich ist, Bier an alle, die zu ihm hereinkamen und trinken wollten. Eines Tages waren einige beim Biertrinken im Haus des Pfarrers fast bis Mitternacht geblieben. Da fuhr sie der Hilfspfarrer beim Weggehen an: ‹Was sind denn das für Geschichten, die ihr da heute abend macht *(qualia sunt hec solatia que facitis hoc sero)*? Wenn ihr in einem öffentlichen Wirtshaus wärt, wäre es schon Zeit wegzugehen und damit aufzuhören!›»

Aber das nehmen die Gäste übel auf, und im entstehenden Wortwechsel sagt er noch: ‹Drei solche wie Euch würde ich am liebsten mit Ruten traktieren›. Da gehen alle wild auf ihn los, so daß er nach einem (zufällig auf dem Boden gefundenen [!]) Dolch greifen muß.[340]

Und: keine Selbstbedienung! Ein Pfarrer sitzt in einem niederländischen Dorf bei einem Goldschmied mit anderen beim Essen und schickt jemanden ins Wirtshaus, daß man ihm Bier bringe. Als der unverrichteter Dinge zurückkommt, geht der Pfarrer selbst, zahlt der Magd des kranken Wirts den Preis und geht dann, mit ihrer Erlaubnis, in den Bierkeller, um sich das Bier abzuzapfen. Der nun doch hinzutretende kranke Wirt und seine Frau nehmen diese Selbstbedienung übel auf und schlagen den Pfarrer nieder, was sich dieser wiederum nicht gefallen läßt.[341]

Leicht kommt es zum Streit, wenn es dann ans Bezahlen geht. Nach einem Hochzeitsessen soll, in einer *simbola seu collectio*, jeder einen Geldbetrag dazu geben:

«Also wurde der Wirt gerufen, damit er berechne, was jeder zu geben habe *(ut calculum faceret quantum cuique esset solvendum)*. Als errechnet worden war, daß sich die gesamte Summe der Ausgaben auf einen halben rheinischen Gulden belaufe, sagte Christoph: ‹Der Pfarrer soll ein Drittel, der Kaplan ein Drittel, und [der Laie] Oswald Rainer das dritte Drittel der Ausgaben bezahlen: so wird zu zahlen sein›. Da antwortete der Kaplan [und Gesuchsteller]: ‹Liebe Freunde, teilt die Zahlung so auf, daß *jeder* seinen Betrag anteilig zahle›. Da fuhr Christoph auf ihn los ...» Und so kommt es zu tödlichem Streit.[342]

Und was es sonst noch an Anlässen zum Streit gibt: daß man sich über den Wert einer Münze nicht einig wird; daß einer die einem andern ins Ohr geflüsterten Worte *(occulte ad auriculam)* auf sich bezieht; daß sich bei einem Ringkampf nach dem Essen beide Seiten zu Siegern erklären; ja es kann schon Ärger erregen, daß die Wirtin eine brennende Kerze andern Gästen auf den Tisch gestellt hatte.[343] Der Kaplan einer Katharinenbruderschaft im Bremischen mag der Einladung zu deren Jahresessen am liebsten gar nicht folgen, weil es da doch immer Streit gebe, und beginnt zuhause mit dem Essen – aber da wird er zum Festessen abgeholt, und es kommt wie er gefürchtet hatte.[344] Und böse Überraschungen: da findet einer, nach dem Essen, die Räder seines Wagens abmontiert.

Umständlich erzählt wird, wie in einem Wirtshaus beim Streit zwischen einem Betrunkenen und dem Rektor der Stadtschule nacheinander verschiedene Leute eingreifen: erst wirft Matthias einen Stein gegen den Betrunkenen, dann schwingt Johannes ein

Beil gegen ihn, dann macht Albertus ihn mit dem Schwert fertig, und Matthias ruft dem Sterbenden zu: «das haste nun davon!» *(hoc tibi habeas)*.[345] Oder es wird, umgekehrt, lieber heruntergespielt: zwar hatten sie Treffer im Gesicht gelandet *(in faciem)*, aber es ging doch nur bis zum Schwarzwerden von Hautstellen *(ad cutis nigredinem)*, zu Schwellungen und ein bißchen Hautabschürfung.

Was der Schreiber des Grafen von Gleichen in einem Wirtshaus des thüringischen Gräfentonna erlebte, erzählt er bis ins letzte Detail:

> «Er wurde von einigen Dienern des Grafen zu ihnen in ein Wirtshaus gerufen, wo sich gerade ein armseliger und stummer Mann an eine Frau heranmachte. Er beschimpfte deswegen den Stummen, reichte ihm ein Glas Bier und sagte, er solle sich setzen. Der Stumme nahm entrüstet das Glas und verschüttete etwas von dem Bier. Dann wurde er wieder wütend und warf das Glas nach dem Schreiber. Jetzt wurde auch der wütend, griff eine Kanne und warf sie nach dem Stummen – ob er ihn tatsächlich traf oder nicht, weiß er nicht.»[346]

Hoch her geht es bei einer Zimmerschlacht in einem Wirtshaus einer osteuropäischen Stadt der Diözese Przemysl. Ein Geistlicher berichtet, wie er

> «einmal zum Essen eingeladen war und nach dem Essen noch ein Weilchen auf seinem Stuhl ausruhte. Im gleichen [Wirts] Haus tranken an einem anderen Tisch einige Ruthenen [Ukrainer] Bier und verlangten vom Wirt weiteres Bier. Der Wirt legte seine Hand an das Schild, das er zum Zeichen des Bierausschanks, wie üblich, draußen vor dem Haus angebracht hatte, und sagte, er habe kein weiteres Bier mehr zum Verkaufen. Da wurden sie böse und fingen an, den Wirt mit ungezogenen Worten zu traktieren, um mit Gewalt an Bier zu kom-

> men. Einer der Ruthenen sprang auf den Tisch, zog sein Schwert und versuchte, den Kopf des Wirts in der Mitte zu spalten. Aber weil der gerade den Kopf bewegte, schlug er ihm [nur] den Oberarm halb ab».

Darüber wacht der Geistliche auf, sieht den Ruthenen abermals auf den Wirt losgehen, greift ein und schreit heftig, er solle das lassen. Der Ruthene läßt sich davon nicht beeindrucken

> «und sagt folgendes oder sinngemäß ähnlich: ‹Ich bin ein Mann und kann mit meiner Hand viele totmachen› *(ego sum vir et possum interficere multos mea manu)*. Dann fing er an, den Geistlichen vor der Volksmenge folgendermaßen mit dem Tode zu bedrohen: ‹Du mußt von meiner Hand sterben› …»[347]

TATWAFFEN. Und was einem bei Schlägereien so alles an den Kopf geworfen wird: ein Kandelaber, eine Bleikanne «im Gewicht von 20 Pfund», ein großes Gefäß aus Zinn und Blei «im Gewicht von 12 Pfund», ein Bierkrug natürlich, ein Wasserkrug, sogar «eine Brezel aus Brotteig» ist dabei *(braxatella ex pasta panis)*.[348] «Er schleuderte drohend einen Becher voll Wein», «schlug ihm ein Zinngefäß auf den Kopf», «warf zornig das Bierglas nach ihm», «warf einen Zinnkrug halbvoll mit Wein», usw.[349] In Notwehr ist alles recht: die Schere an der Wand der Gaststube, die Axt an der Wand im Abtritt der Dorfschenke *(locus secretus vel privatus)*.[350]

Wozu man in der Erregung so alles griff, würde ein volkskundliches Museum füllen, denn die Gewissenhaftigkeit in der Schilderung von Tathergang und Tatwaffe ging so weit, daß der lateinischen Bezeichnung bisweilen auch noch die lokale (gegebenenfalls sogar deutsche) Benennung des verwendeten Instruments hinzugefügt wurde, wie es in einer Museums-Vitrine vom Volkskundler nicht präziser beschildert werden könnte (vgl.

Abb. 8). Drei nahe beieinander liegende Beispiele aus den Diözesen Halberstadt und Magdeburg aus den Jahren 1466–70: Der Täter stößt in der Küche dem anderen ein «Messer genannt *trusillum*» in den Leib; der Badegast droht in Notwehr dem Hundehalter mit «einem kleinen Beil, *cymbart* genannt, das er nach dortiger Sitte am Arm trug»; der Mann geht auf den Priester los «mit einem Instrument das *defendiculum* genannt wird», und der verteidigt sich «mit einem Instrument das *culerium* genannt wird».[351] Das kleine Messer, das bei einer Messerstecherei in Naumburg gezogen wird, heißt *dyllgtez*; das Messer, mit dem im Augsburgischen zugestoßen wurde, *tillitz*, ein kleines Messer im Kölnischen heißt *vulgariter weydmesser*.[352]

Wie beim gemeinsamen Trinken, so kann auch bei gemeinsamer Übernachtung allerhand passieren. Zum Beispiel Verwechslungen im Dunklen – nur daß sie hier nicht so heiter ausgehen wie in der Novelle (Decamerone IX 6 *l'un si va a giacere con la figliuola, e la moglie … si giace con l'altro*), die Menschen nicht, absichtlich die Orientierung verlierend, an den Richtigen, sondern unabsichtlich an den Falschen geraten.

In einer Taverne bei ihrem Kloster sitzen eines Tages zwei Franziskaner mit ihrem Guardian beim Essen. Es kommt zu heftigem Streit, wutentbrannt gehen die beiden Mönche ins Kloster zurück und erwarten dort den Guardian. Doch im Dunkel der Nacht verprügeln sie im Dormitorium den Falschen. Oder der Priester, der sich nach einem Festmahl im Gastzimmer zum Schlafen legt. Da kommt ein anderer Priester herein mit einer Frau, mit der er schlafen will. Unser Priester überläßt ihm netterweise das Bett *(complacens … dimisit lectum)* und verläßt den Raum – und dann beginnen die Komplikationen. Und das Kleinkind findet man hier – nach der Liebesnacht oder nach ungebetener Doppelbelegung des Bettes – am anderen Morgen nicht neben ein anderes Bett versetzt wie in der Novelle, sondern tot. Und in tödlichem Streit kann auch enden, wenn man sich («laßt die anderen schlafen und legt auch Ihr Euch endlich schlafen») beim Schlafen gestört fühlt.[353]

Glücksspiel. Im Wirtshaus, und sonst bei jeder sich bietenden Gelegenheit, tobt sich auch die Leidenschaft des Glücksspiels aus, und sie macht selbst vor Geistlichen nicht halt, ergreift Kleriker wie Laien, Handwerker wie Soldaten (Abb. 19). Die Quelle erzählt uns die Fälle, in denen das nicht gut ausging.

Ein Kleriker berichtet, wie er «am 5. April dieses Jahres [1478] in Hildesheim in das Haus eines Schneiders und Wirts ging, um nur einmal Bier zu trinken *(causa semel bibendi cervisiam)*. Da saßen einige Würfelspieler, die reihum um Geld spielten, um das Küchenfeuer herum und sagten zu ihm, er solle sich zum Trinken zu ihnen setzen, was er auch tat, luden ihn ein ..., mit ihnen zu spielen, und erklärten ihm die Spielregel» *(sibique conditionem dicti ludi declaraverunt)*. Er spielt mit und gewinnt einen rheinischen Gulden, von dem der einsetzende Spieler wußte, daß er falsch war. Aus Furcht, bei Tageslicht und vor Gericht könne sein Geldstück als falsch erkannt werden, nimmt ihm dieser Spieler mit Gewalt die Münze wieder ab, es kommt zum Handgemenge, usw.[354]

Oder der Priester, der im niederländischen Elst zur Entspannung beim Brettspiel um Bier 10 Quart gewinnt, und als es deswegen zum Streit kommt, lieber in ein anderes Bierhaus weiterzieht – doch erscheint der Bierschuldner dann auch dort. Oder der Priester, der bei einem Aufenthalt in Passau auf professionelle Falschspieler hereinfällt und beim Kartenspiel binnen weniger Tage 20 Gulden verliert; die Priester, die nach dem Essen beim Glücksspiel in tödlichen Streit geraten.[355]

ABB. 19. Soldaten in einem Wachlokal bei Brettspiel, Kartenspiel und wildem Streit. An den Wänden ordentlich aufgehängt ihre Waffen: Brustpanzer, Helme, Armbrüste mit ihren Spannvorrichtungen, Hellebarden, langstielige Beile. Issogne (Aosta-Tal), Castello: Loggia zum Hof, Fresken Ende 15. Jahrhundert.

Ein Regularkanoniker des Augustinerchorherrnstifts Interlaken erzählt:

«Er spielte mal – außerhalb des Klosters, aber in einem Haus, das dem Kloster gehörte – mit einem Laien Würfel um Geld. Als das Spiel beendet war, ging er in sein Kloster zurück und zählte das Geld, das er während des Spiels vor sich liegen gehabt hatte *(quos tunc dum ludebat ante se positos habebat)*. Zwei rheinische Gulden fehlten. Da ging er zu Johannes Kammer, der während des Spiels neben ihm gesessen und dabei dieses Geld manchmal mit seinen Händen berührt hatte, und fragte ihn, ob vielleicht er die 2 verlorenen Gulden, von denen er gesagt habe, sie seien verspielt oder entwendet, bekommen habe: die solle er ihm zurückgeben. Der nahm das übel auf und hinterbrachte dem Propst, daß er des Diebstahls von 2 Gulden bezichtigt werde.»[356]

Und auch in Schulpforta spielt man um Geld. Sitzt ein Priester

«in einem Gasthaus im Bereich des Zisterzienserklosters Schulpforta *(in quodam hospitio intra fores monasterii)* mit 3 Mönchen des Klosters geruhsam beim Essen. Da tritt ein Adeliger hinzu und fordert den Priester auf, mit ihm um eine Runde Wein zu spielen. Er spielt, einige Leute kommen hinzu, die dort zum Trinken waren. Einer von denen war betrunken und nahm einen Groschen weg, den der Priester als Spieleinsatz hingelegt hatte. Der Priester ermahnte ihn, den Groschen wieder herauszugeben, aber der wurde wütend, überschüttete ihn mit Beleidigungen, legte die Hand ans Schwert und stürzte sich auf ihn». Da greift der Priester in Notwehr zu einem kleinen Beil.[357]

Man kann auch die Münze, um die man spielt, gleich selbst zum Spiel benutzen. Ein Priester und zwei Laien hatten bei einem freundschaftlichen Zusammensein in einem Dorf der Diözese Utrecht gespielt,

> «indem sie Münzen in die Luft warfen, um ‹Kreuz› oder ‹Münze› zu ermitteln *(ad electionem crucis seu monete)* je nachdem wie die Münzen auf der Erde zu liegen kamen, so wie man in dieser Gegend spielt, wo das auch nicht verboten ist».

Aber für den Verlierenden hört der Spaß bald auf.[358]

Schon bloße Behinderung des Spiels kann zu Mord und Totschlag führen, auch unter Geistlichen. Etwa der Kaplan, der bei der Rückkehr ins Pfarrhaus seinen Mitkaplan mit einem Laien beim Würfelspiel antrifft, von dem sie auch nach zweimaliger Abmahnung («Ihr wißt doch, daß der Herr Pfarrer uns dieses Spiel verboten hat, also spielt nicht») nicht lassen wollen. Als endlich der Pfarrer persönlich einschreitet, fällt ein Dritter mit einem Messer den geistlichen Spielverderber an[359] (ob die Abmahnung so eindringlich war wie hier hervorgekehrt, wissen wir natürlich nicht).

Oder der Mann, der in einem Dorfgasthaus zufällig seinen Bruder mit anderen beim Spiel trifft. «Trink aus und mach Pause, dann komm ich gleich mit» *(fac haustum et pausa modicum, cito ibo tecum)*, sagt beschwichtigend der ertappte Bruder, der dann in Streit mit einem Dritten gerät. «Das hast du nun davon, daß ich dich nicht vom Spielen wegkriegen konnte», und das Verhängnis nimmt seinen Lauf.[360]

Wettkampfspiele. Hinaus ins Freie führen Wettkampfspiele, und es ist meist nicht ein Streit, sondern ein Unglück, was sie zum Fall werden läßt. Für die Frage, was geschehen ist und ob schuldhaftes Verhalten vorliegt, ist die genaue Kenntnis der Spielregel Voraussetzung. Das wird manchmal sehr ernst genommen und liefert uns die folgende Geschichte.

Simon Buchel aus dem Kloster der Augustinereremiten in Konstanz berichtet von einem

> «Spiel, das sie *caprenare* [‹Ziegenspiel› oder ‹Triff die Ziege›] nennen, die Spielregeln gehen so: die Spieler stellen ein zwei Handbreit langes Holz, das drei Füße hat und das sie ‹Ziege› nennen, auf eine ebene Stelle. Sie nehmen rund 6 Fuß von diesem hölzernen Dreifuß Aufstellung, jeder mit einem Stock von 3–4 Handbreit Länge in der Hand, und werfen ihn in der Reihenfolge erster, zweiter, dritter usw., und wer den Dreifuß trifft, verläßt das Spielfeld, stellt die Holzziege auf und bleibt so lange außerhalb des Spielfelds oder der zugewiesenen Stelle, bis ein anderer mit seinem Stock dieses Holz trifft. Dann geht der erste wieder in das Spielfeld hinein, und der andere bleibt draußen und stellt die Ziege auf, und so immer weiter. Da passierte es, daß, als Simon an der Reihe war und seinen Stock gegen die Ziege werfen wollte, der Stock erst den Boden berührte, dann wegen des kräftigen Wurfs zurückprallte und einen mitspielenden, etwa 14jährigen Jungen, der nicht nach den Spielregeln an seinem Platz geblieben war, sondern herumging, von hinten an den Schultern traf» – mit schließlich tödlichen Folgen.[361]

Unter weiteren Spielen wird ein Kugelspiel genannt *(ad bollam sive globum)*, von dem es heißt, daß es «in jener Gegend [der Diöz. Köln] häufig von Jungen gespielt wird». Hier ist einmal nicht ein Unfall, sondern tödlicher Streit um den Geldeinsatz Anlaß der Supplik.[362]

In die Schweiz, die das Steinstoßen noch heute kennt, führt die folgende Geschichte (vgl. Abb. 20). Der Pfarrer von Sursee hatte an einem Festtag mit einigen anderen zusammengestanden und war von diesen überredet worden, «einen großen Stein, den sie dort zum Spiel werfen, nach dem Brauch der Stadt zu wer-

Abb. 20. Wettkampf-Spiele werden bisweilen mitsamt den Spielregeln in den Gesuchen berichtet. Im Bild werden sie selten dargestellt. Hier vertreiben sich Schweizer Kriegsknechte, die in Einsiedeln auf die Soldzahlung Kaiser Maximilians warten (1508), die Zeit mit Sport. Von vorn: Weitsprung aus dem Stand; Steinstoßen; Wettlauf; Ringen. Bilderchronik des Diebold Schilling (sog. Luzerner Schilling, 1513, Ausschnitt).

fen. Und obwohl er vor dem Werfen alle Umstehenden mehrmals mit der gebotenen Sorgfalt aufgefordert hatte, vorsichtig zu sein», wurde doch einer tödlich am Kopf getroffen.[363]

Wohl ein Scheingefecht, Gladiatoren spielend *(gladiatorum more)*, wollten mit bloßen Schwertern zwei Geistliche austragen. Aber dann wurde es einem der beiden ernst, und statt der stumpfen nahm er die scharfe Seite des Schwertes.[364]

Auf dem Lande

Die Tiefenwirkung, wie sie die Kirche mit dem ‹Tribunal des Gewissens› erreichte, erfaßte die ganze Lebenswelt, auf allen ihren Ebenen und bis an ihre äußersten Ränder, auch weit draußen auf dem Lande die Welt des Dorfes (Abb. 21). So bieten diese Eingaben Streiflichter dörflichen Lebens, ja der Arbeit auf dem Felde, wie sie uns in anderen Quellen so unmittelbar nicht vor Augen kommen – hier freilich immer unter der Voraussetzung eines Unglücks, einer Verfehlung, eines Zusammenstoßes: rabiate Bauern und aufsässige Pfarrkinder, Viehdiebe und Brandstifter und Straßenräuber, Streit im Dorfgasthaus und Unfälle am Dorfteich, Tanz in der Scheune und am Johannisfeuer; der durch das Dorf trottende Bär, und die Erntearbeit auf dem Felde.

Dörfliches Leben. In einem Dorf in Graubünden wird in der Scheune ein Reigentanz organisiert. Die Leute reihen sich ein. Ein Fremder, der mit einem Einheimischen den Reigen angeführt hatte, setzt sich an die Spitze – und schon entrüstet man sich, eilen die beiderseitigen Verwandtschaften herbei und prügeln sich um das Vortrittsrecht.[365]

Oder der nächtliche Tanz um das Johannisfeuer in einem niederösterreichischen Dorf. Ein Priester erzählt,

Abb. 21. Die Welt des Dorfes, in der viele der berichteten Fälle spielen, darf man sich nicht zu kleinlich vorstellen. Dachlandschaft eines deutschen Dorfes, aus Albrecht Dürers Kupferstich ‹Der Verlorene Sohn› (um 1496). Dürers Darstellung der (im Vergleich zu italienischen Bauernhäusern) imposanten Dorfgebäude auf diesem Blatt beeindruckte Giorgio Vasari: *capanne a uso di ville tedesche, bellissime.* (Vasari/Milanesi V S. 399). Wien, Albertina.

«wie er einst am Johannistag in Laienkleidung zu dem Feuer gegangen sei, das nach altem Brauch in der Nacht angezündet werde, und unter den Männern und den Tanzenden dort eine Frau gesehen habe, zu der er sagte: ‹Was stehst Du da und tanzt nicht?› Als die Frau tanzen wollte, ließ sie ihn stehen und sagte: ‹Laß ab von mir, Priester›, und er stieß sie von sich weg. Da trat einer hinzu, der Ortsrichter Wolfgang, und fragte den Priester unverschämt: ‹Was machst Du hier? Du müßtest jetzt zu Hause sein!› Der Priester antwortete ihm entsprechend: ‹Du könntest anders mit mir reden!›, nahm seinen Hut ab und sagte zu dem Richter: ‹Sieh mal wer ich bin.› Der Richter packte den Priester und sagte hochmütig: ‹Komm nur, Priester, komm nur!›» Dann werden aus den Worten Schläge.[366]

Ein Dorfpfarrer berichtet:

«Ihm sei einst ein junger Bär geschenkt worden, den habe er sorgfältig an Eisenketten gebunden und, so gut er konnte, angekettet gehalten. Aber der Bär machte sich los und spazierte nun frei durch das Dorf *(dissolutus per villam ambulans)*. Eine Frau ging aus dem Haus, ließ die Tür offen stehen und ihr 7wöchiges Kind dort allein in der Wiege, und traf auf den Bären. Der Bär ging in das Haus, roch die Brote, die die Frau in die Wiege gesteckt hatte *(reclusos in cunabulo)*, und warf die Wiege zu Boden, um an die Brote zu kommen. In diesem Augenblick kam die Frau hinzu und schlug den Bären mit einem Stock: erbost über die Hiebe, verletzte der Bär das Kind mit Tatzen und Klauen so, daß es starb».[367]

Was einem Priester bei einem Dorfgasthaus am Südrand der Magdeburger Börde zustieß, erzählt er mit sichtlichem Schrekken. Nach einer Amtshandlung stieg er wieder aufs Pferd, um nach Erxleben heimzukehren:

«Da wurde er vor dem Wirtshaus des Dorfes Rathmannsdorf von drei betrunkenen Laien, von denen er nur einen kannte, zum Mittrinken genötigt. Als er sah, daß die Sonne unterging, machte er Anstalten, sich von den Betrunkenen abzusetzen *(a dictis inebriatis recedere incepit)*. Als die das merkten, fingen sie an, ihn zu beschimpfen, und weil er das nicht ertrug, schimpfte er zurück. Einer von denen warf einen Krug nach ihm und überschüttete ihn mit dem, was sie tranken, die anderen beiden hatten ihre Waffen schon draußen *(extra habentes arma eorum)*. Aber er entkam aus den Händen der Betrunkenen, weil gute Leute hinzukamen, und setzte den Weg nach Hause fort. Als er eine Meile geritten war, fiel ihm ein, daß er seine Bücher vergessen hatte, aus denen er die kanonischen Stundengebete las. In der Meinung, die Betrunkenen seien dort, wo er sie verlassen hatte, schon weg, wendete er sein Pferd und ritt dorthin zurück, um seine Bücher zu holen. Als die Betrunkenen ihn aber zurückkehren sahen, versteckten sie sich am Weg und in den Gräben dieses Dorfes, aus dem er seine Bücher holen wollte. Als er dahin kam, wo sie sich versteckt hatten, griffen sie ihn gleich an, und einer von ihnen sagte: ‹Wie stehts denn mit uns?› *(quomodo sto tecum?)*; der andere warf mit einem Stein nach ihm, so daß er sich danach kaum auf dem Pferd halten konnte. Erschreckt und überrascht ergriff er die Flucht. Als die Betrunkenen das sahen, verfolgten sie ihn und warfen mit Hacken und Messern hinter ihm her *(proicientes post eum cum dolabris et cultellis)*. Als er sah, daß er über Eis reiten müsse und stürzen könne und dann von den Betrunkenen umgebracht werden könnte, rief er so laut er konnte die Dorfbewohner um Hilfe. Dies Schreien hörte seine Schwester, die in dem Dorf wohnte, und begriff die Lage. Mit lauter Stimme fing sie an zu weinen und zu schreien: ‹Mein

Bruder wird vor dem Dorf umgebracht!› Das hörten drei Kaufleute aus dem Dorf und kamen ihm zu Hilfe ...»[368]

Auf dem Felde.

«Eines Tages arbeitete er mit einigen Bauern – darunter eine Margarete, eine Frau aus dem Brandenburgischen – auf dem Felde, wobei sie sich gegenseitig zuarbeiteten und scherzhafte Worte wechselten. Da fragten diese Bauern ihn, im Scherz und nicht im Ernst, ob er die Margarete nicht zur Frau nehmen wolle? Er antwortete ihnen, er wolle sie nicht zur Frau nehmen, er sei schon zufrieden, wenn er mit ihrem Einverständnis kurz bei ihr liegen könne. Da lachten sie und riefen: ‹Wir wollen sie zusammengeben!› Einer von ihnen nahm beider Hände und legte eine Hand in die andere. Danach lag er bei Margarete».

Liebe im Kornfeld: so erzählt ein Matthias Barg aus der Diözese Brandenburg mit der Bitte um Feststellung, daß das, was er ohne jedes Heiratsversprechen mit Margarete gemacht habe, kein Weihehindernis darstelle.[369]

Eine heitere Szene aus einem Erntefeld (ob auch Margarete das so flüchtig nahm, will Rom freilich erst noch festgestellt wissen). Doch meistens nehmen die Ernte-Geschichten, und wie könnte es bei dieser Quelle anders sein, eine schlimme Wendung: Aufsässigkeit der Landarbeiter, durchziehende Kriegsbanden, vor allem aber Ärger beim Einziehen des Kirchenzehnten. Der Pfarrer eines oberösterreichischen Dorfes berichtet, daß

«die Hussiten, die böhmischen Ketzer und Feinde, einst das Getreide und andere Nahrungsmittel seiner Pfarrkirche vernichtet und weggeschleppt hätten, wie sie das auch heute noch tun. Nun wollte er von dem der Vernichtung entgangenen Rest den der Pfarrkirche zustehenden Zehnten einziehen und ging eines Tages – versehen mit einer gespannten Armbrust mit aufgelegtem Schußbolzen, weil immer noch von jenen Ketzern die Rede war – zusammen mit dem Zehntenfahrer auf die Felder und sammelte den Zehnten ein. Dabei kam er auf dem Feld zu einem, der ihm auf die Forderung nach dem Zehnten böse und beleidigende Worte sagte und ihm … den Zehnten nicht geben wollte. Damit nicht genug, hob er die eiserne Forke, die er in Händen hatte, und stieß damit nach dem Pfarrer, ohne ihn zu treffen; dann hob er sie abermals, stach nach ihm und warf ihn fast zu Boden. Als er dann ein drittes Mal mit der Forke nach ihm stach, traf er dabei auch die Armbrust, die der Pfarrer nicht wegen dieses Bauern, sondern zum Schutz gegen die Ketzer [Hussiten] mit sich führte: durch diesen Stoß schoß der aufgelegte Pfeil heraus und traf jenen, ohne Absicht des Pfarrers, am Knie.»[370]

Auch andere Geistliche waren beim Einfahren des Zehnten von Bauern tätlich angegriffen worden, dem Prior des Benediktinerklosters von Merseburg hatte man dabei sogar «beide Lippen, die Nase und größtenteils das rechte Ohr abgeschnitten».[371] Als der Bischof von Havelberg den Bauern eines Dorfes seines Bischofs-Gutes *(mensa)* wegen nicht gezahlter Abgaben all ihr Vieh auf den Feldern pfändete und hinwegführen ließ, befreiten die Bauern ihre Kühe mit bewaffneter Hand, ja verschonten dabei auch den – persönlich eingreifenden – Bischof nicht *(in eum sicut in alios irruerunt)*.[372]

Daß sich die Erntearbeit manchmal einfach nicht bewältigen ließ, beklagt ein Priester der Diözese Roskilde. Er berichtet,

«als er wegen Mangel an Erntearbeitern aufs Feld ging, sah er dort den von ihm angestellten Laurentius Andree, wie er sich unerlaubt entfernte und den Wagen eines anderen lenkte. Er sagte ihm, es sei doch vernünftiger *(rationabilius)*, den eigenen

Wagen statt den eines anderen zu lenken. Da sagt der: ‹Du sollst zuschanden werden, und es soll dir übel ergehen› *(confundaris tu et male stes)* – und warf sofort ein scharfes Beil, das er in der Hand hatte, nach dem Priester, der es mit einer Strohforke, die er in Händen hielt, abwehrte. Damit nicht zufrieden, verletzte jener Laie ihn an der Hand mit einer Forke, die er in Reichweite hatte» (usw., bis endlich ein Diener des Priesters mit einer Sichel eingreift).[373]

Noch beim Abtransport kann einiges passieren («… riß eine Garbe Hafer vom Zehntwagen herunter»). Und dann die Unfälle beim Abladen und Einlagern in der Scheune – wobei selbst die Innenaufteilung der Scheune genau beschrieben wird, um den fatalen Hergang zu erläutern:

«Dort gab es 6 oder mehr Gefache fürs Verstauen der Abgabe [des Heus], im Abstand einer Mannshöhe. Aufgabe war darum, daß die Schüler die Heugarben nach oben reichten. Einer, namens Moritz Augsburger, der im oberen Gefach stand, stieg zum nächsten hinunter. Er fand dort [den Gesuchsteller] liegend und ruhend, breitete die Arme aus und begann mit ihm zu spielen. Der lachte, von Moritz berührt, wälzte sich ein wenig zur Seite und mahnte Moritz …» – und schon passiert es, stürzt sich Moritz zu Tode.[374]

Unfälle an Dorfteichen und Flüssen. Draußen in der Landschaft, beim Schwimmen in Teichen, Bächen, Flüssen (Abb. 22), spielen auch andere Vorkommnisse, die böse ausgehen.

«Sitzt ein Mann zu seiner Entspannung an einem ziemlich tiefen Teich, kommt eine Frau hinzu, die überhaupt nicht schwimmen kann und den Mann, der sie so gut er kann daran hindern will, mit Gewalt in den Teich zieht, damit er mit ihr schwimme. Als der Mann das merkt, schwimmt er mit der

ABB. 22. Häufig werden Unfälle beim Baden berichtet. Hier Kinder am Bach, ein Junge schwimmend mit Hilfe von zwei Schweinsblasen. Hinten ein weiterer Wasserarm unter dem gewaltigen Mühlrad einer Mühle, deren Giebel sich in der Ausbuchtung des Baches vorn spiegelt. Pieter Bruegel, Kinderspiele (1560), Ausschnitt. Wien, Kunsthistorisches Museum.

Frau so gut er kann. Aber als ihn die Furcht überkommt, daß er sich anders nicht retten und der Todesgefahr entgehen könne, geht er aus dem Teich heraus, läßt die Frau darin, die ohne sein Zutun darin ertrinkt.»[375]

In einem ähnlichen Fall aus der gleichen Gegend ist es ein Mann, der um Schwimmunterricht bittet *(ut sibi artem natandi doceret)* und den Unwilligen dann gewaltsam ins Wasser zieht, bis dieser sich, im Tiefen angekommen, aus der Umklammerung des Ertrinkenden befreien muß. In Graudenz/Grudziedz waren mehrere Schüler zum Baden in den Fluß gegangen, «waren alle gleichzeitig ins Wasser gestiegen und hatten fröhlich mit Wasser und Sand einer gegen den anderen gespielt» *(ludendo iocose cum aqua et arena unus contra alium)* – bis einer von ihnen nicht mehr auftaucht.[376]

Dazu die häufigen Unfälle beim Befahren oder Überqueren von Flüssen. Ein Mönch der Zisterze Wettingen (westl. Zürich) sitzt eines Tages fischend in seinem Nachen auf der Reuß unweit des Nonnenklosters Gnadenthal. Da rufen ihm einige, die die reichen Ablässe jenes Klosters erlangen wollen, vom Ufer aus zu, er möge sie doch bitte auf die Klosterseite übersetzen. So «ruderte er zu ihnen und nahm sie in seinen Nachen. Als sie nun ein Stück weit vorwärtsgekommen waren, ließ die widrige Strömung und die Zappeligkeit *(mobilitas)* eines Mädchens das Boot umschlagen. Während die anderen sich retteten, kam das Mädchen um.»[377]

Ein polnischer Mönch erinnert sich, wie er

«um Himmelfahrt 1450, seinen Aufgaben entsprechend, auf einem großen tiefen Fluß namens Weichsel mit 7 anderen zum Fischfang zu einem See fuhr. Auf der Rückfahrt steuerte er das Schiff auf dem Fluß allein. Seinen Steuerkünsten vertrauend wählte er eine andere – freilich weniger sichere – Route und geriet dabei durch den Wasserschwall an das Rad einer Mühle. Einer der Mitfahrenden sprang, als er die Gefahr erkannte, aus dem Schiff und ertrank, die anderen retteten sich aus dem sinkenden Schiff ans nahe Ufer».[378]

Bleiben wir in der Landschaft. Auf freiem Felde Schäferhunden zu begegnen konnte bös ausgehen. Der freundlich gegrüßte Hirt «hatte zum Schutz der Herde bissige Hunde vom Wolfstyp *(ad instar luporum)*, der wandernde Priester ein Haushündchen *(caniculum domesticum)*, das langsam hinter ihm herlief und etwas zurückgeblieben war», und das nun von den Wolfshunden zerrissen wird.[379] Eine böse Überraschung erlebt ein Geistlicher, der nachts draußen Vogelfallen legt. Aus seinem Beobachtungsversteck scheucht ihn ein Mann mit einem Prügel, und gibt ihm auf die Frage, wer er sei, zur Antwort, der Teufel sei er nicht *(eum diabolum non esse)*. Auf die Drohung, er werde das melden, «sagt jener nur: ‹Schweig, *zado*› in seiner Volkssprache, und prügelt und verfolgt den sich wehrenden, dann schreiend davonlaufenden Geistlichen. Drei Tage später wird der andere weit von der Straße, sterbend am Suff oder Frost, im Gelände aufgefunden.[380]

Auf der Landstrasse. Von Landstraßen werden kleine Zwischenfälle berichtet, die in aller Regel außerhalb des Bildausschnitts unserer Überlieferung bleiben: Verkehrsunfälle, Raub, durchgehende Pferde.

Auf der Straße zwischen Jüterbog und Luckau wird einem ein Pferd geraubt, nach Luckau gebracht und dort verkauft. So schreibt der Rat von Jüterbog an den Rat von Luckau einen Brief (in schauerlichem Latein: *raptus quidam suus equus*): findet den Räuber, findet bitte auch den Sattel – und dieser Brief ist wörtlich in das römische Gesuch inseriert, gehört also eigentlich ins Stadtarchiv von Luckau![381]

In der Morgenfrühe von Burg Eltz nach Cochem zu reiten *(de quodam castro Ellcz ... in aurora ad oppidum Cochem)*[382] ist schön – wenn man nicht überfallen wird. Und das geschieht auf diesen Straßen immer wieder: schildert der Überfallene den Hergang dann der Pönitentiarie, ist das immerhin ein Indiz, daß er den Straßenraub jedenfalls überlebt hat.

Mit dem Straßenraub hatte eine Großstadt wie Nürnberg ihre eigenen Probleme – und ihre eigene Methode, dagegen vorzugehen, wie der Rat nun, unter Hinweis auf Nürnbergs besondere Situation (eine bevölkerungsreiche Stadt umgeben von Wäldern, *quasi nemoribus circumdatum*) seine etwas ungewöhnlichen Maßnahmen zum Schutz von Reisenden rechtfertigte. Nürnberg stelle Kundschafter an, um den Straßenräubern auf die Spur zu kommen, «und damit diese Kundschafter die Räuber sicherer und leichter ergreifen, kommt es manchmal vor, daß sie sich mit den Räubern zusammentun und beim Rauben, Plündern und anderen Delikten mitmachen» *(quod ipsi eisdem malefactoribus se associant et in predis, rapinis seu aliis delictis participant)*. Nur hatte die Sache einen Haken: Wohin mit dem Raubgut dieser eingeschleusten, sozusagen städtisch angestellten Räuber? Natürlich muß es zurückerstattet werden – aber die Beraubten zu identifizieren war manchmal gar nicht mehr möglich *(quibus sit facienda restitutio, ignorant)*. Nürnberg ersucht um Absegnung dieses Vorgehens, bei Rückerstattung nach bestem Wissen und Gewissen.[383]

Wie schlecht die Straßen, wie grundlos die Wege, wie verwüstend die Unwetter für das Wegenetz, wie unzugänglich manche Dörfer sind, wird immer wieder in den Eingaben beschrieben, die die Einrichtung von Gottesdiensten bei kleinen Siedlungen wünschen, da auf dem langen Weg zur Pfarrkirche die Neugeborenen ohne Taufe, die Alten ohne Sterbesakramente sterben; ja manchmal werden sogar die Räuber im nahem Wald

Abb. 23. Unter den häufig genannten Verkehrsunfällen hier ein besonderer: in Rom zwischen Titusbogen und Kolosseum, Anfang 16. Jahrhundert. *Ex voto* von Tommaso ‹Fedro› Inghirami (1470–1516), Rhetoriklehrer an der römischen Akademie, Kanoniker von S.Giovanni in Laterano und St. Peter, Präfekt der Vatikanischen Bibliothek. Beleibt und schielend, wie er hier unter den Wagenrädern liegt, ist er auch auf Raffaels Porträt dargestellt. Rom, S. Giovanni in Laterano, Sala Capitolare.

angeführt *(propter pericula latronum in quadam silva per quam eos ire opportet)*.[384]

Häufig sind Verkehrsunfälle: der Wagen, der mit Zugpferden und Menschen nachts von der Brücke in den Fluß stürzt; das vom Blitz erschlagene Zugpferd («vom Schrecken über den Blitzschlag kriegte er die Fallsucht, verlor den Verstand und starb nach acht Tagen»). Oder die Tücken beim Durchqueren von Gewässern. Beim Durchfahren einer Furt, die sie schon oft gefahrlos benutzt hatten, werden zwei Eichstättern bei einer Handelsfahrt Pferde und Wagen von unvorhersehbarer Flut in der Mitte des Flusses fortgerissen, der aufsitzende Knecht ertrinkt.[385] Und andere Fälle, bei denen Passanten unter die Hufe von Pferden oder unter die Räder von Wagen gerieten (Abb. 23).

Überhaupt die Unfälle mit durchgehenden Pferden: das Pferd, das gerade zur Tränke geritten wird, galoppiert plötzlich davon;[386] das Pferd, das zum Baden an den Strand von Riga geritten wird, wirft den Reiter ab; das Pferd, das einer gerade auf dem Wochenmarkt gekauft hatte und schon auf dem Heimweg von Bautzen nach Marienstern im Rennen mit anderen Pferden ausprobieren will, überrennt einen Mann, obwohl die Straße doch breit war und vorgewarnt wurde, daß jetzt Pferde im Galopp vorbeikämen. «Macht die Tür zu, daß das Pferd nicht reinkommt!» *(claudite portam ne equus intret)* ruft entsetzt der Reiter, als das wildgewordene Pferd ins Wirtshaus stürmt.[387]

In der Fremde

Die zentrale Rolle Roms, für die schon unsere Quelle selbst ein Monument ist, bildet sich in der vergleichsweise großen Zahl von Fällen ab, die in Rom spielen, und deren *narrationes,* ‹Erzählungen›, hier zusammengeführt seien. Sie wirken nicht wie Ausschnitte eines erhabenen Rom-Bildes, sondern wie – als mißraten aussortierte – Momentphotographien von Einzelpersonen vor undeutlich römischem Hintergrund. Sie haben keinen Zusammenhang außer eben den, in Rom zu spielen, und das drückt sich bisweilen auch in den spezifisch römischen Bedingungen des Falles aus.

Auf dem Weg nach Rom. Zunächst sehen wir viele auf dem Weg nach Rom. Der Weg nach Rom stand unter besonderem Schutz, der Zugang zur Kurie durfte in keiner Weise behindert werden: deshalb erfahren wir Vorfälle auch auf dem *Weg* nach Rom. Der Mann, der einem Mitreisenden in Deutschland als Pfand den Reisesack vom Sattel genommen hatte, weil jener eine geschuldete Summe nicht zurückzahlen wollte, wandte sich um Absolution an die Pönitentiarie nur deshalb, weil jener behauptet hatte, er sei auf dem Weg nach Rom – hätte er gesagt, er sei auf dem Ritt nach Leipzig, wüßten wir nichts davon (so aber erfahren wir sogar, was jener Priester im Reisesack hatte: 3 Gebetbücher, 1 Urkunde in Kopie, 1 leinene Hose, 2 «*sotulares*, auf deutsch: *gezucht schuwe*»).[388]

Die da unterwegs waren, sind meist nicht gewöhnliche Pilger (sonst erschienen sie nicht in dieser Quelle), sondern solche, die bereits mit dem Weg ein Problem haben. Darunter Mönche und Nonnen, die (vor allem zum Heiligen Jahr 1450, von dessen ungewöhnlicher Anziehung wir auch sonst wissen[389]) unbedingt nach Rom wollten, und als sie von ihren Oberen nicht die Erlaubnis erhielten, gleichwohl das Kloster verließen und nach Rom gingen wie die drei Nonnen aus Kumbd, die in dieses Kloster am liebsten gar nicht mehr zurückgekehrt wären.[390] Nicht zu reden von Pilgern, die gar nicht erst aufgebrochen waren, weil sie die beabsichtigte Romfahrt dann doch als zu weit und zu teuer empfanden, und nun um Umwandlung ihres Gelübdes baten.[391]

Andere waren nach Rom gekommen, um ein Anliegen nicht nur aus der Ferne zu betreiben – und wie viele das waren, sehen wir aus dieser Quelle: eben nicht nur Prälaten, Prinzen, Prokuratoren, sondern die Nonne, die nicht in ihrem Kloster bleiben will und zur Lösung ihrer Gelübde nun sogar persönlich nach Rom kommt; der Mönch, der aus dem Klosterkerker stracks an die Kurie geht, um die Behandlung durch den Abt nun aus eigener Sicht darzustellen – und die vielleicht auch eine Weile in Rom bleiben.[392] Immer wieder begegnet man Geistlichen, die sich die Weihen, statt wie vorgeschrieben von ihrem zuständigen Bischof in Deutschland, irgendwo in Italien erteilen ließen (oder darum einkamen wie der Kölner, der schon viele Jahre in Verona gelebt, oder der Göttinger, der sein Studium in Bologna begonnen hatte, ebenso der Breslauer in Bologna[393]).

Einige waren auf ihrem Weg nach Rom ausgeraubt, eingekerkert, erpreßt worden.[394] Der Propst von St. Ursus in Solothurn erzählt, wie er und sein Reisebegleiter «auf der Höhe des Berges zwischen Viterbo und Ronciglione [also mitten in den dichtbewaldeten Monti Cimini] von drei Räubern mit gespannten Armbrüsten angegriffen und verwundet» worden seien.[395] Wohlinformiert, «daß es da Pilgerräuber gebe», hatte ein Priester zwei Gesellen aus seiner böhmischen Gemeinde mitgenommen – aber die beiden gerieten schon an einem der ersten Abende tödlich aneinander. Und noch eine banale Momentaufnahme vom Romweg: Eine Reisegruppe hatte unterwegs in einem Gasthaus gegessen. Als die Pilger merken, daß sie dem Wirt versehentlich ein wenig zuviel dagelassen hatten, kehren sie noch einmal um. Der Wirt steht vor seinem Haus, bietet ihnen statt des Geldes Wein, aber sie insistieren. Das erbost den Wirt so, daß er aus dem Wirtshaus Verstärkung holt, und die Schlacht beginnt.[396]

Aber es konnte noch schlimmer kommen wie bei diesem jungen Studenten: eine Rom-Reise, die harmlos beginnt und bestialisch endet. Der Student, 22jährig und auf dem Weg an die Kurie, erkrankt unterwegs schwer (er gelobt dabei, Priester zu werden) und liegt nun in einem Kastell bei Bologna.

> «Während dieser Krankheit wurde er von einem Landsmann häufig besucht und mitleidig umsorgt. Dieser Landsmann wurde, weil Krieg kam, in einer Burg damit beauftragt, einigen Gefangenen in dieser Burg das Essen zu bringen. Er ließ ihnen das Essen mit einem Seil hinab – doch aus Unachtsamkeit ließ er dieses Seil auf dem Grund des Turms hängen *(funem ipsum ex negligencia in fundo turris dimisit)*. Die Gefangenen stiegen schließlich an diesem Seil den Turm hinauf und verteidigten sich im Turm gegen die Bewohner. Als der Turm endlich zurückerobert war, sagten die Machthaber *(tyranni)*, der Landsmann habe das in verräterischer Absicht getan, und schrien einmütig, er solle aufgehängt werden. Als der Lands-

mann am nächsten Tage hörte, daß sie ihn wegen dieser Unachtsamkeit töten wollten, ließ er den Studenten bitten, er möge doch so lieb sein, ihn vor der Hinrichtung zu besuchen. Als der das hörte, ging er zu ihm, um ihn zu trösten. Da wurde auch er gefangengenommen und in den Kerker gesteckt, endlich am selben Tag herausgeholt, gefesselt und zusammen mit seinem Landsmann wie ein Räuber zum Richtplatz geführt [... wo sie ihm nach schlimmen Schlägen sagten:] ‹Du steckst mit deinem Landsmann unter einer Decke, wir hängen Dich mit ihm zusammen auf! ... Du hast die Wahl, aber schnell: entweder Du hängst deinen Landsmann auf, oder wir hängen Euch beide auf› *(eligas tibi unum breviter: aut suspendas compatriotam tuum vel nos suspendemus vos ambos)*. Er sah ein, daß er dem Tode nicht entrinnen könne, wenn er nicht darauf eingehe. Erst erbat und erhielt er von seinem Landsmann Verzeihung, dann hängte er ihn auf, in Schmerz und Zerknirschung».[397]

In Rom. Lassen wir die Reisenden in Rom angekommen sein. Über das Unterkommen wissen wir recht viel. Unter den Herbergs- und Gastwirten in Italien waren auffallend viele Deutsche, so daß Papst Pius II. damals bemerken konnte, wo es keine Deutschen gebe, finde man auch kein Unterkommen.[398] Ein weiterer Beleg dafür – aber ein recht ungewöhnlicher – ist nun hier das Geständnis eines deutschen Gastwirts in Rom, «er habe, damals Gastwirt, leichtsinnigerweise geschworen, daß er niemals den Beruf des Gastwirts ausüben wolle. Da er aber eine Familie zu ernähren habe und sich auf keinen anderen Beruf verstehe» *(cum autem ... sit gravatus familia et nullam sciat aliam artem exercere)*, bittet er um Lösung von diesem leichtfertigen Eid.[399]

Oder man kam in einem der Pilgerhospize bei der Peterskirche unter.[400] Aber da konnte es hoch hergehen, wie in dieser Geschichte von der Schlägerei vor der Peterskirche. Ein Geistlicher war «neulich in Rom für einige Tage in einem Hospiz nahe der Peterskirche. Da kam ein Betrunkener hinzu und legte sich im Hospiz auf dessen Schlafplatz» und ließ sich auch durch inständige Aufforderung nicht dazu bewegen, den Platz freizugeben; ja beschimpfte ihn und den ganzen Priesterstand mit unflätigen Worten,

> «und als [der Erzähler] ihn etwas anstieß, damit er von seinen ungehörigen Reden ablasse, sprang der Laie von seinem Platz auf, stürzte sich auf den Geistlichen, zerriß dessen Kleidung und hätte ihn bald umgebracht, wenn nicht andere dazwischengetreten wären. Am andern Morgen ging jener Mann, um sich eine Lanze zu kaufen. Nachdem er sie gekauft hatte, ging er zu dem Geistlichen und schwur auf die Evangelien, er werde kein Vaterunser und kein Avemaria sprechen, bevor er ihn nicht mit dieser Lanze umgebracht habe *(quod nollet dicere unum Paternoster aut unum Ave Maria, nisi prius ...)*. Am Abend dann, als der Geistliche nach seinem Stundengebet die Peterskirche verließ und noch auf den Stufen vor der Kirche stand, kam jener Laie heimlich von hinten heran und schlug ihn heftig mit einem Stock.»

Glücklicherweise kann er andere zu Hilfe rufen, aber auch die bekommen ihr Teil ab. Nun endlich wird der Geistliche selbst tätlich und schlägt zurück. Am nächsten Morgen findet man seinen Gegner tot.[401]

Auf dem Petersplatz eine weitere Schlägerei, diesmal zwischen zwei deutschen Klerikern über eine bemerkenswerte Streitfrage. Der eine der beiden – der Überlebende – erzählt,

> «wie er einmal aus Andacht zur Margaretenkirche auf dem Platz vor der Basilika von St. Peter gegangen sei, habe er beim Verlassen der Kirche mit einem Kleriker Heinrich Rutter

einen Wortwechsel gehabt über die Frage, wo diese Heilige bestattet sei: [er sagte] daß ihr heiliger Leib von Engeln wundersamerweise auf den Berg Sinai getragen worden sei, Heinrich hingegen: auf einen Berg in Sizilien. So sei es aus der Unterschiedlichkeit der Behauptungen zum Streit untereinander gekommen, dabei habe Heinrich zornentbrannt den anderen mit einer Gabel, die er auf der Stelle ergriff, mit zwei Hieben zu Boden gestreckt», worauf der andere, mit fatalen Folgen, einen Dolch zog.[402]

Einige waren – wie im Spätmittelalter viele Deutsche[403] – als Söldner nach Italien gekommen: einer diente in päpstlichem Sold unter dem Kommando des Condottiere Niccolò Piccinino (und berichtet aus einem Gefecht); ein anderer war aus seinem Kloster in der Diözese Lüttich entlaufen und hatte dann im Söldnerheer König Ferrantes von Neapel gekämpft (da hatte er miterlebt, wie einer im Gefecht stürzte und *subpeditatus*, zertrampelt wurde); ein dritter hatte in einer römischen Kirche ein Eisengitter *(quoddam cancellatum ferri)* entwendet und wollte es nun zurückgeben.[404] Und weitere Deutsche in Rom, deren einzige Überlieferungs-Chance darin bestand, daß ihnen hier etwas Unangenehmes zugestoßen war.[405]

Oder eine Straßenszene: ein deutscher Kleriker reißt ein Plakat von der Wand, auf dem die Verurteilung Sigmunds von Österreich durch Pius II. geschrieben stand *(quandam copiam … tum quodam muro impressam)*, und nimmt das Stück mit: nicht um den Papst verächtlich zu machen, habe er den Anschlag von der Wand genommen, sondern um den Text besser zu studieren *(causa informationis)*, rechtfertigt er sich.[406] Eine andere Straßenszene ist sogar genauer lokalisiert: Ein Deutscher geht durch die Via del Pellegrino *(cum … per quandam stratam Urbis ‹ad pellegrinum› nuncupatam transiret)*, Sixtus IV. ist soeben gestorben, und bei Sedisvakanzen geht es immer etwas aufgeregt zu; ein Trupp Bewaffneter zieht durch die Straße, und einer von denen stößt ihm mit einer Partisane ein Auge aus.[407]

Andere hatten es in Rom zu Ämtern oder Anstellungen gebracht. Einer war *tubicina*, Trompeter, im Stab des römischen Senators (und anderer italienischer Stadtregierungen) gewesen: obwohl er, wie er beteuert, nie bei Hinrichtungen oder Todesurteils-Verkündungen trompetet habe, fürchtete er, böse Zungen könnten das unterstellen und so die inzwischen begonnene geistliche Karriere behindern.[408]

Im engeren Kreis des Hofes. Einen aufnahmefähigeren – und zumal: internationaleren – Arbeitsmarkt als die Stadt bot der päpstliche Hof. Mit einem kurzen Rom-Besuch und einer speziellen Qualifikation schaffte es der Sänger Johannes Saureux, den wir auch aus den Gehaltslisten der päpstlichen Kapelle[409] kennen: nun hören wir, wie er für eine Pfründe dem Domkapitel von Lüttich (aus der Region dort oben stammten damals die meisten päpstlichen Sänger) Residenzpflicht geschworen hatte, aber mit einem Ausnahme-Besuch – sozusagen mit einmal Vorsingen in Rom – es zum *cantor pape* brachte und sich nun von seinem Lütticher Eid lösen lassen konnte (sogar mit Gratisausfertigung, denn nun war er im inneren Kreis).[410]

Als Notar des Apostolischen Palastes hatte lange ein Priester aus Osnabrück gearbeitet – aber davon weiß diese Quelle nur, weil er, der in dieser Zeit häufig für ausstehende Zahlungen gebürgt hatte (vielleicht z. B. für deutsche Annatenzahlungen an die Apostolische Kammer), sich nun bei seinem Weggang aus Rom fragte, ob tatsächlich alle Gläubiger befriedigt seien.[411] Einige brachten es in Rom zum Kardinals- oder gar Papstfamiliaren.[412] Ein *familiaris* und sogar *continuus commensalis* (dauernder

Tischgenosse) des Kardinals Giuliano della Rovere – künftiger Papst Julius II. – wünscht an der römischen Kurien-Universität zu studieren, ein anderer gleichen Ranges hatte in Rom einen Kleriker umgebracht. Als Kämmerer im Haushalt eines Kardinals hatte lange ein Trierer Kleriker gearbeitet – aber sein «ruhiges, makelloses Leben» war andauernd von einem Florentiner getrübt worden, und der Streit endete schließlich fatal.[413]

Ein Familiar und Tischgenosse des Papstes, Kleriker der Diözese Lüttich, leistete sich in Rom allerdings Unerhörtes. Weil die bischöflichen Siegel auf den ihm ausgestellten Urkunden «zerstört oder fast abgefallen waren», ließ er sie sich – nun an der Kurie und im Glauben (sagt er) nichts Unrechtes zu tun – «in Blei bilden» *(in plumbo figurari)* und fügte diese Nachbildungen seinen *littere* wieder an. Da aber sieht ein Gesandter des Bischofs von Lüttich zufällig das Siegel im Schaufenster eines Goldschmieds, der diese Siegel hergestellt hatte *(qui figuram dicti sigilli ante fenestram cuiusdam aurifabri, qui dicta sigilla confecit, impressa reperit)*. Er wird beim Kammerauditor angezeigt und in der Torre di Nona, dem päpstlichen Gefängnis an der Engelsbrücke, eingekerkert. Die Sache wird sogar in Gegenwart des Papstes verhandelt, doch kommt er davon, weil wenigstens die Briefe echt waren.[414]

Ein Familiar des Kardinals Ascanio Sforza berichtet (und damit überschreiten wir nun tatsächlich die Grenze des Berichtenswerten), wie einst ein anderer Münsteraner Geistlicher «ihn, als er auf dem Bett saß, zum Spaß beschuldigt habe, er habe ihm ein Stück Käse weggenommen», und sei dann über ihn hergefallen. In Rom waren das kleine Kerlchen, aber aus Deutschland erwartete man von ihnen vielleicht sogar Intervention, wie der bayerische Pfarrer, der im Streit mit anderen um die Pfarre hoffnungsvoll einen Freund, Familiar des mächtigen Papstnepoten Girolamo Riario, eingeschaltet hatte.[415] Viel ist das alles nicht, die Deutschen erreichen in der zweiten Jahrhunderthälfte an der Kurie auch nicht mehr die obersten Ränge.[416] Aber hier geht es nicht um die Feststellung der Ämter, sondern um das was, umgekehrt, aus Ämterlisten nicht zu uns dringt: um Streiflichter auf ihr unscheinbares Leben.

Und so erlebt man sogar eine ganze Szene aus dem Innern des Palazzo Colonna, dessen damaliger Hausherr, Kardinal Prospero Colonna, Nepot Martins V., als Humanist, Mäzen und Antikensammler das lebhafte Interesse der Forschung findet, die alles auch über seinen Haushalt, seine Familiaren, seinen Lebensstil wissen will, und wäre es aus Poggio Bracciolinis frechen *Facetiae*[417] – aber nicht gerade dieses Geschichtchen aus dem Munde eines Familiaren und Tischgenossen des Kardinals, eines deutschen Klerikers:

> «Als er einmal im Palast des Kardinals schreibend auf einem Stuhl saß, trat der Koch des Kardinals [gleichfalls ein deutscher Kleriker] herein. In der Meinung, der Stuhl sei aus der Küche entwendet *(sediam fore de coquina extractam)*, reißt er ihn dem Schreiber mit solcher Gewalt weg, daß der auf den Rücken fiel und mit dem Kopf auf den Boden schlug. Schmerzgepeinigt entriß nun er dem andern den Stuhl und schlug ihm den über den Kopf, so daß die Kopfhaut ein bißchen blutete».[418]

Nach Santiago und Jerusalem. Unter den großen Pilgerzielen werden, neben Rom, in den Eingaben an die Pönitentiarie immer wieder auch Santiago de Compostela und Jerusalem genannt. Bei Santiago geht es in aller Regel um ein Wallfahrtsgelübde, das nun zu lösen und in andere fromme Werke zu verwandeln ist. Nach Santiago zu pilgern hatte eine Niederländerin in Rom gelobt, wenn ihr vertrauter Freund von schwerer Krankheit genese, aber nun ist sie zu arm; ebenso ein Mann im Kerker, aber nun ist er zu gebrechlich,[419] usw. Aber es gibt auch den jungen Santiago-Pilger, der auf dem Rückweg in Frankreich von Soldaten gefangen und ausgeraubt, dann von ihnen zum Mitmachen gezwungen wurde *(cum eis stetit coactus)* und nun, inzwischen Priester geworden, beteuert, er selbst habe mit dieser Bande damals niemanden getötet oder ernsthaft verwundet.[420]

Weit häufiger erscheint die Pilgerfahrt nach Jerusalem: nicht mit Vorfällen auf dieser langen und gefahrvollen Schiffsreise, sondern weil es Christen grundsätzlich untersagt war, das – nach den Kreuzzügen wieder muslimisch gewordene, also feindliche – Heilige Land zu betreten. Wer nach Jerusalem pilgern wollte, mußte darum vorher eine Erlaubnis einholen *(licentia visitandi sanctum sepulcrum)*; und wer das versäumt hatte und trotzdem aufgebrochen war, mußte sich um eine Absolution bemühen.

Die Suppliken sind zahlreich.[421] Namen von Jerusalem-Pilgern kennen wir vor allem aus Reiseberichten (die Autoren selbst und die von ihnen namentlich genannten Mitreisenden)[422]: insofern bietet diese Quellengattung eine willkommene Ergänzung. Bisweilen bilden sich ganze Reisegruppen ab: ein Lübecker möchte nach Jerusalem mit 5 Personen seiner Wahl, ein anderer *cum sex aliis personis, cum septem, cum quindecim*[423] usw.; 1475 zwei Magdeburger, die schon in Rom waren *(presentes in Romana curia)* vielleicht wegen des Heiligen Jahres. Auch eine Frau, Barbara Sleghelin aus Breslau, will die Fahrt unternehmen.[424] Einige Antragsteller sind auch aus anderen Quellen bekannt.[425] Philipp Graf von Hanau-Lichtenberg benutzte den Rückweg vom Heiligen Land 1491, um in Rom noch persönliche Angelegenheiten zu regeln[426] (wie es auch Graf Eberhard im Bart getan hatte auf dem Rückweg von seiner Jerusalemreise, auf der ihm der namengebende Bart wuchs).

Manchmal könnte die päpstliche Erlaubnis schon besorgt worden sein, ohne daß die Reise dann angetreten wurde. Auch die Möglichkeit stellvertretender Pilgerfahrt wird angesprochen, nicht nur (und das ist der Vorteil dieser Quellengattung) von ihrer rechtlichen Seite, sondern auch in ihren praktischen Problemen. Ein Priester der Diözese Schwerin hatte testamentarisch bestimmt, daß jemand auf seine Kosten eine Pilgerfahrt ins Heilige Land unternehme. Die Testamentsvollstrecker hatten denn auch eine Person zu diesem Zweck mit Geld ausgestattet. «Der war, um die Pilgerfahrt zu unternehmen, wie er behauptete, nach Venedig gegangen. Als er dort aber kein Schiff für die Überfahrt fand, kehrte er, nachdem er das erhaltene Geld ganz oder fast aufgebraucht hatte, nach Hause zurück». Die Testamentsvollstrecker wollten nun nicht riskieren, es mit einer anderen Person noch einmal zu versuchen *(si alium nuntium destinarent iterum decipi)*, und verwendeten den Rest des verfügbaren Geldes lieber für den Bau einer Marienkapelle.[427]

Fernhandel. Das päpstliche Islam-Embargo galt im übrigen nicht nur für Passagiere und den persönlichen Umgang mit Muslimen, sondern galt allgemein für Lieferungen kriegswichtigen (und etwa für den Schiffbau benötigten) Materials wie Metallen, Holz, Pech u. ä. Auch hier also entweder die (in großen Hafenstädten hochbegehrte) vorherige Dispensation, oder die nachträgliche Absolution für die – beinahe alltägliche, gar nicht zu vermeidende – Übertretung des Lieferverbots.[428] So war es diesem deutschen Kaufmann in Barcelona zugestoßen – jedenfalls stellt er es so dar:

«Georg Res, genannt ‹der Deutsche›, wohnhaft in Barcelona, legt dar: Er sei zur See nach Osten unterwegs gewesen und habe auf seinem Schiff Sachen aus Kupfer und Blei, Schwerter und andere Waren gehabt, um sie auf Sizilien und Sardinien zu verkaufen. Als er zu diesen Inseln gekommen war und seine Waren zu annehmbarem Preis nicht absetzen konnte, wandte er sich weiter nach Rhodos. Auf dem Meer aber wurde er durch Sturm und Schiffbruch nach Alexandrien, ins Land der Ungläubigen abgetrieben. So verkaufte er seine Waren an die Sarazenen, ohne dabei aber Gewinn zu machen.»[429]

In der Regel hat man sich ganze Schiffsladungen verbotener Güter vorzustellen, doch geht es in den Eingaben an die Pönitentiarie wieder bis zu bizarrer Kasuistik: Ein Uhrmacher hat bei der Herstellung einer Uhr «harte Metalle» verwendet und sie dann an die Türken verkauft![430]

Fernhandel ist natürlich nicht als solcher Gegenstand von Pönitentiarie-Entscheidungen, sondern nur in kirchenrechtlich erheblichen Fällen: Verstoß gegen das päpstliche Islam-Embargo, gegen das päpstliche Alaun-Monopol, Nichteinhalten beschworener Abmachungen (wie überhaupt jedes Eidesdelikt[431]) usw. Aber auch im folgenden Fall, der beiläufig Einblick in den internationalen Schiffahrtsbetrieb an der niederländischen Küste bietet. Ein Minorit gibt, für die *villa Armine* (wohl Arnemuiden) bei Middelburg auf der Nordseeinsel Walcheren, 1498 zu bedenken, das sei

«ein Ort am Meer, an dem Leute verschiedener Nationen zusammenkommen, vor allem Italiener, Spanier und Franzosen. In diesem Ort seien aber wenig Priester, die die fremden Sprachen verstünden *(penuria sacerdotum qui ydiomata nationum intelligant)*, was zur Folge habe, daß viele Christen dieser und vielleicht noch anderer Nationen ohne Beichte und kirchliche Sakramente stürben. Er selbst, der gewöhnlich in einem Konvent dieser Provinz wohne und die genannten Sprachen verstehe und verständig spreche, könne in der Hl. Kreuz-Kapelle dieses Ortes die Beichte der dort Eintreffenden hören und ihnen die Sakramente spenden, brauche dafür aber eine besondere Erlaubnis des Hl. Stuhls».[432]

Die Arne-Mündung bildete einen wichtigen Vorhafen für Antwerpen, das Brügge bereits den Rang ablief, und das merkten auch die Fernkaufleute.[433] Auch andere Orte des flandrisch-niederländischen Küstensaumes (wie das kleine Biervliet) wiesen in ihren Suppliken nach Rom selbstbewußt auf ihre Schlüsselposition im internationalen Seehandel hin *(clavis ... respiciens Angliam Scotiam Frisiam Hollandiam et Zelandiam)*:[434] aber die Sprachenfrage illustriert die Rolle noch schöner.

Die Missgeschicke eines Kölner Kaufmanns auf Zypern. Was einem in der Fremde zustoßen konnte, und wie eine Bittschrift ins Erzählen kommen kann, sei endlich an einem Text gezeigt, der lebhaft die Mißgeschicke eines Kaufmanns beschreibt: ein Kölner in Venedig versucht unter hohem Einsatz, Handelsprivilegien auf Zypern zu ergattern, das im Mittelmeerhandel eine wichtige Position einnahm (Abb. 24). Tatsächlich waren an deutschen Kaufleuten in Venedig neben Nürnbergern und Augsburgern auch Kölner stark präsent[435]: ein Nürnberger und ein Kölner Kaufmann treten auch vor der Pönitentiarie in unschönen Ehegeschichten auf, beide in Venedig auf den Tod des Ehemanns ihrer Geliebten hoffend.[436]

Hier ist es der Kölner Kaufmann Heinrich von Harff, der auf riskante Weise von Venedig aus in die Levante zu expandieren versucht – und seine Abenteuer erzählt.[437]

«Heiligster Vater. Als der verstorbene König von Zypern einst Galeeren mit Kriegsvolk und Gesandten nach Venedig sandte, um eine Braut für sich zu finden,[438] litten diese Soldaten, in schlechter Verfassung und noch schlechter gekleidet *(male in*

Abb. 24. Handelsplatz Zypern. Große Schiffe unterschiedlichen Typs vor Anker an der Küste Zyperns, hier: zur Aufnahme von Salz aus der bekannten Salzlagune. Die Rolle der Insel als Umschlagplatz im Levantehandel war äußerst wichtig, und das hatte jener Kölner Kaufmann in Venedig im Auge, als er sich hier um Zollprivilegien bemühte. Kolorierte Zeichnung im Reisebericht des Konstanzer Patriziers Konrad Grünemberg, der, wie alle Jerusalempilger, auf seiner Fahrt 1486 Zypern berührte. Forschungsbibliothek Gotha, Chart. A 541.

ordine et peius induti), große Not und baten durch Mittelsmänner inständig den Unterzeichneten Heinrich von Harff, Kaufmann aus der Diözese Köln, der für seine Waren einen Absatzmarkt im Orient zu finden wünschte *(qui ad partes orientales suas mercancias expedire cupiebat)*, daß er ihnen in ihren Nöten helfe. Der kam ihren Bitten endlich nach und unterstützte die Soldaten vertrauensvoll mit Tuchen, Kleidung und Geldsummen in der Erwartung, all das vom König zurückzubekommen, wie ihm auch versprochen worden war. Mit jenen Galeeren und den Gesandten sowie mit seinen Waren im Wert von 1500 Dukaten und mehr brach er ins Königreich Zypern auf und landete dort.

Der König hörte den Bericht der Gesandten, wie seinen Soldaten in ihren Nöten von [Heinrich] geholfen worden war, und schickte nach ihm. Der erschien auf diesen Befehl, der König dankte ihm für die Seiner Hoheit und den Soldaten geleisteten Dienste und versprach, ihn gut und reichlich zu entlohnen, und sagte zu ihm: ‹Erbitte von uns was du willst, du wirst es erhalten›. [Heinrich] bat, in Verkehr und Handel beim zypriotischen Zoll in den Genuß der gleichen Privilegien zu kommen wie die venezianischen Kaufleute.

Da einige Böswillige erkannt hatten, daß er reich war und über viel Vermögen verfügte, rieten sie, um ihm das zu nehmen, dem König, ihm eine Dame, nämlich Maria, Tochter des Alonso Lubya, die der nie gesehen hatte, zur Gattin zu geben und ihn zu zwingen, mit ihr die Ehe einzugehen. Eingeweiht in diesen Plan, erwiderte der König auf das Gesuch: ‹Was du da erbittest, ist ja gar nichts *(hoc nihil est quod petis)*. Ich weiß, daß dir mehr zusteht›, und daß er ihm eine Gattin geben wolle und 4 Dörfer mit dem zugehörigen Land; daß er ihn von den Mühen des Kaufmannsdaseins befreien und zum Ritter machen werde *(eum eximere a laboribus traficandi mercantias et eum facere militem)* mit vielen weiteren Annehmlichkeiten und Sicherungen. [Heinrich] entschuldigte sich, und Seine Hoheit möge das nicht übelnehmen: aber wenn er das täte, würde er seine Eltern aufs äußerste verstimmen, und das dürfe man doch auf keinen Fall.

Einige Tage später schickte der König abermals nach dem Kaufmann, inzwischen von den Intriganten vielleicht noch besser instruiert, wie er ihn hintergehen oder noch besser seines Besitzes berauben könnte. [Heinrich] fürchtete, wenn er sich dem Willen des Königs versage, werde er in Ungnade fallen und vielleicht – er hatte entsprechende Informationen – nicht nur seinen Besitz, sondern auch sich selbst in Gefahr bringen. Und während er, beunruhigt, nicht wußte, was er tun sollte, ließ der König sogleich diese Maria kommen, sagte über sie vor [Heinrich] die schönsten Dinge und befahl, er solle mit ihr die Ehe eingehen. Das wollte er aber jetzt, so wenig wie früher, keineswegs in Erwägung ziehen, noch dem zustimmen oder mit ihr abschließen, aber auf Befehl und Drängen des Königs berührte er Marias Hand, ohne dabei aber die Formel auszusprechen, die zu einer Eheschließung gehört, oder seinen Konsens anders als eben beschrieben zu geben.

Als das geschehen war, holte man [Heinrichs] wertvolle Tuche,[439] die von erheblichem Schätzwert waren, und schmückte den Raum damit aus: man behielt sie danach in des Königs oder seines Gefolges Verwendung. Dann spielten die Gaukler, Trompeter und Schauspieler des königlichen Hofes und gestalteten diese Vermählung festlich aus. [Heinrich] war in großer Verlegenheit und wollte fort von da. Als er endlich zu seiner Unterkunft ging, folgten ihm mehrere dieser Intriganten und Geschäftemacher und sagten, einer nach dem andern, zu ihm: ‹Deine Braut oder Gattin schuldet mir soundsoviel *(sponsa sive uxor tua mihi tenetur in tanta quantitate)*, ich will dafür das Geld, zahl es mir sofort, sonst werde ich dir Schwierigkeiten machen.› Mit solchen Begründungen und Drohungen wurde er von vielen genötigt, auszuzahlen was sie verlangten, bevor er seine Herberge betreten konnte: es waren 200 Dukaten und mehr.

Nun grübelte er lange intensiv darüber, wie er nach Hause zurückkehren könne. Endlich tat er vor dem König so, als wolle er nach Hause zurückkehren, um noch viele weitere Waren aus seinem Lande heranzuschaffen und zum König zurückzukehren. Er erbat vom König [Urlaub mit] Erlaubnis zur Rückkehr, die der ihm eigentlich nicht geben wollte. Schließlich gab er ihm die Erlaubnis unter der Bedingung, daß er zwei Aufpasser *(custodes)* bestelle, die sich darum kümmern sollten, daß er zurückkehre.

Er brach also auf und landete auf Rhodos. Ritter und Kaufleute dort merkten, daß er etwas auf dem Herzen hatte. Da er den Grund nicht sagen wollte, drangen sie endlich so in ihn, daß er ihnen den Grund seines Kummers der Reihe nach erzählte. Und als sie begriffen, daß die zwei seine Aufpasser seien und er praktisch ihr Gefangener *(quasi captivus)*, sorgten sie dafür, daß die beiden mit Gewalt und Schande von der Insel Rhodos verjagt wurden.[440] So wurde er frei, dankte Gott und jenen Helfern, und fuhr heim ohne die Absicht wiederzukommen.»

Man glaubt, eine Novelle von Boccaccio zu lesen. Nicht nur weil im *Decamerone* Zypern häufig vorkommt (Kaufmann mit Sultanstochter II 7, Handelskonkurrenz II 4, der König I 9, Kaufleute auch III 7, X 9 – schließlich kannte Boccaccio den Mittelmeerhandel aus eigener kaufmännischer Praxis): die ganze Atmosphäre aus Intrige, falschen Versprechungen, höfischem Glanz, vorgeschobenen Frauen ist geladen mit den Elementen einer solchen Novelle. Aber dem Kölner Kaufmann war nach Novelle nicht zumute.

Historische Ereignisse gespiegelt in kleinen Schicksalen

Die kleinen Schicksale, die uns in diesen Gesuchen entgegentreten, spielen weit überwiegend in einem Alltag, der ohne jede historische Rahmung auskommt. Hin und wieder aber werden historische Ereignisse benannt, die den geschilderten Fall auslösten, sehen wir große Geschichte in diese kleinen Geschichten hineinragen: die Kriege Karls des Kühnen von Burgund, die Einfälle der Türken, die Hussitenkriege.

Die Kriege Karls des Kühnen. Karls des Kühnen großer Schatten fällt auch über kleine Schicksale. In aller Regel sehen wir die burgundischen Kriege – das liegt an der archivalischen Überlieferung wie an der Chronistik – aus der Perspektive der interessierten Höfe und der involvierten Städte. Hier aber wechselt die Perspektive auf die niedrige Augenhöhe einfacher Menschen, die in ihren Anliegen, Absichten, Beobachtungen völlig unvorhersehbar sind: was können wir von einer Nonne oder von einem Vierzehnjährigen erwarten, das er uns über Karl den Kühnen sage? Hier ihre unscheinbaren Geschichten.

Da zerstört die Stadt Straßburg, die sich im Bund mit den Schweizer Eidgenossen den Expansionsgelüsten Karls entgegenstellte, in Erwartung einer Belagerung vorsorglich das Dominikanerinnenkloster St. Agnes vor den Mauern, damit der Feind sich nicht darin festsetzen könne *(timentes … monasterium predictum pro sua defensione contra eundem ducem valde fore nocivum)*. Aber wohin mit den Nonnen? Einige hat die Stadt bei den Dominikanerinnen von St. Margarethen untergebracht. Aber die sind nicht reformiert: darum wollen weder die einen noch die anderen (wie das die Pönitentiarie-Akten in solchen Fällen immer wieder zeigen), so mußte die Stadt mit Zwang vorgehen *(violenter)*. Manche Nonnen haben sich schon in Klöster ihrer Wahl abgesetzt, andere sind ins Weltleben zurückgekehrt. Was ist zu tun? So wenden sich mehrere an Rom.[441]

Oder: Da läuft ein vierzehnjähriger Junge auf die Schlachtfelder Karls des Kühnen («wo damals Greise und Junge hinliefen», sagt das Gesuch) – bis ihm seine kranke Mutter eröffnet, sie habe ihn dem Mönchsleben geweiht. Da tritt er ins Zürcher Franziskanerkloster ein. Aber die Leute werden sagen: wie kann denn der sein Leben Gott weihen, den haben wir doch vorher auf dem Schlachtfeld gesehen?[442]

Wie hier im Südwesten, so war der Expansionsdruck Burgunds auch im Nordwesten immer stärker zu spüren. «Als der Herzog von Burgund[443] die Burg, in der er und sein Vater wohnten, erobern wollte», beteiligte sich ein kleiner Kleriker an der Verteidigung, schob Kanonen in Schußposition, goß Bleikugeln, half seinem Vater in die Rüstung, reichte ihm Waffen[444], und als dort oben der Krieg zwischen Arnold von Egmont und seinem Sohn Adolf um das Herzogtum Geldern ausbrach *(guerra inter ducem Guelrie … et eius filium)*, der sich zum Krieg mit dem Herzog von Kleve ausweitete *(cum olim Clivensis et Gelriensis duces invicem guerram facerent)*,[445] wurden in diese Kämpfe wiederum Geistliche aus den betroffenen Diözesen Köln und Münster hineingezogen[446] – bis dann Karl der Kühne, längst darauf aus, auch am

Niederrhein Fuß zu fassen, in diese Auseinandersetzungen eingriff und 1473 Geldern seinem Staate einverleibte. Ja Karl *trouva goust en ces choses d'Allemagne,* «fand an diesen deutschen Angelegenheiten Geschmack»[447], und das sollte ihm, als er sich nun da oben bei der Belagerung von Neuß an den mächtigen deutschen Fürsten die Zähne ausbiß, zum Verhängnis werden. «Vor der Stadt Neuß», «beim Heereszug des Kaisers gegen den Herzog von Burgund», spielt denn auch die Beraubung von zwei Rom-Pilgern, die dem reuigen Grafen als Beuteanteil *(pro sua quota)* 2 Dukaten einbrachte.[448]

Und natürlich Episoden aus den selbstbewußten, aufsässigen Großstädten in den dynamischen nördlichen Provinzen des burgundischen Staates. Lüttich war wegen der heftigen Auseinandersetzung mit seinem Fürstbischof und Landesherrn vom Papst gebannt worden (ein päpstlicher Legat war gerade in der Stadt, als Karl der Kühne und Ludwig XI. von Frankreich sich im Oktober 1468, zu schrecklicher Vernichtung, vor die rebellische Stadt legten).[449] Aber selbstbewußte Städte nahmen ein solches Interdikt, das jeden Gottesdienst in der Stadt untersagte, nicht einfach hin und zwangen die Priester dann manchmal zum Lesen der Messe – was für diese dann kirchenrechtlich natürlich disziplinarische Folgen hatte.[450] Und das galt natürlich erst recht für Geistliche, die im – schrecklich ausartenden – Kampf zwischen Bürgern und Bischof («Diesen [Vertrauten des Bischofs] erschlugen sie vor den Augen des Bischofs und zerhackten ihn in mehrere Stücke, die sie sich unter großem Gelächter gegenseitig an den Kopf warfen»[451]) ein geistliches Amt an der Seite der städtischen Führung innehatten. So bitten 1479 Sohn, Witwe und Kaplan des inzwischen verstorbenen Lüttichers Raes de Heers, der in den Kämpfen zwischen Stadt und Bischof (die Niederlage der Miliz bei Brusthem 1467 wird ausdrücklich erwähnt) auf städtischer Seite eine führende Rolle gespielt hatte und deshalb exkommuniziert worden war, um Absolution und kirchliche Bestattung.[452]

Mit dem Schlachtentod Karls des Kühnen 1477 und dem Zusammenbruch der burgundischen Herrschaft treten andere Fälle in den kleinen Bildausschnitt dieser Gesuche. Städtisch-ständische Revolten gegen die patrizische Oberschicht und die mächtigen herzoglichen Räte brachen in vielen Städten aus.[453] In Brüssel, das unter Karls Vater zeitweilig zum bevorzugten Aufenthaltsort des Hofes geworden war, waren – «nach dem Tod von Herzog Karl», wie sie ausdrücklich anmerkten – zwei Ritter aus den Diözesen Cambrai und Utrecht gefangen und eingekerkert worden und hatten bei ihrer Freilassung unter Eid das – übliche – Versprechen abgeben müssen, auf Rache zu verzichten; nun wünschen sie Lösung von diesem erzwungenen Eid.[454] «Als sich das ganze Volk in Aufruhr gegen Patrizier und staatliche Regierung erhob», waren drei Bürger eingekerkert und gefoltert und dann zu dem Eid gezwungen worden, die erlittene Behandlung nicht gerichtlich zu verfolgen und auch keine Lösung von diesem Eid zu betreiben *(de non impetrando absolutionem a iuramento)* – aber das wollen sie nun doch.[455]

Auch Lüttich und seine kriegerischen Verwicklungen kommen noch einmal zur Sprache, auf eigenartige, sehr persönliche Weise: in Form eines rasch ausartenden Tischgesprächs, aus dem wir hier sozusagen einen – nicht ganz verständlichen – Mitschnitt hören (man sage nicht: das ist zu persönlich, als daß es verständlich wäre: der Pönitentiarie erging es ja nicht anders). Zwei Geistliche der Diözese Lüttich, die Subdiakone Arnold von Eldix und Hugo von Löwen, geraten aneinander. Arnold berichtet,

> «wie einmal bei einem Essen in Löwen, wo von den Kriegen Lüttichs die Rede war, Hugo von Löwen, als man auf Wilhelm

von Diberg[456] kam, widersprochen und unter anderem gesagt habe, er, Hugo, verliere daheim in Lüttich mehr als irgendeiner sonst, der hier am Tisch sitze. Arnold hingegen versicherte, er seinerseits könne mehr Schäden dort verkraften als Hugo, weil er dort seine Verwandten und viele Freunde habe. Da aber sagte ihm Hugo viele beleidigende Worte: er sei ein Bastard und Hurensohn und wisse nicht, wer sein Vater sei, und er sei hierher gekommen um auszuspionieren, was Hugo und andere sagten, um es dann Wilhelm von Diberg zu hinterbringen. Arnold entgegnete, er möchte wohl auch so lange Verräter und Spion [gewesen] sein wie Hugo! Da packte Hugo ihn wütend bei den Haaren ...» – und das Verhängnis nimmt seinen Lauf.[457]

Mit den Heeren Karls des Kühnen war einst auch ein Mann aus Rotterdam gezogen, hatte bei einem Kriegszug irgendwo eine Kirche betreten und beim Mustern der Reliquien dort «ein kleines Gefäß gestohlen, auf dem zu lesen stand, darin sei eine von den Rippen des Hl. Cornelius ..., und habe sie zur [Cornelius-] Kirche von Rotterdam gebracht»; die Stadt Rotterdam bittet, die Reliquie in der Pfarrkirche weiter verehren zu dürfen, bis feststeht, welcher Kirche sie rückzuerstatten sei.[458]

Lokale Kriege und Fehden, fremde Solddienste. So spiegeln sich in diesen unscheinbaren Bittschriften historische Ereignisse in der Brechung kleiner persönlicher Schicksale. Das Basler Konzil, denn nach dem Scheitern dieses *pretensum concilium*, *post dissolutionem dicti olim concilii*, dieser Veranstaltung *sub nomine concilii* (oder was man an distanzierenden Bezeichnungen sonst noch verwendete), fürchteten viele um die ihnen vom Konzil verliehenen Rechte. Der Markgrafenkrieg zwischen Albrecht Achilles von Brandenburg und Nürnberg – aus der Sicht

Abb. 25. Die Erfahrung des Krieges ist der Hintergrund vieler Geschichten. Kriegsgemetzel in allen Phasen: die Wucht des ersten Angriffs; unentwirrbares Gemenge; noch die Gestürzten erwürgen einander; endlich liegen alle tot am Boden. Aus dem ‹Schreibbüchlein› des Berner Malers Niklaus Manuel gen. Deutsch (ca. 1484–1530). Kunstmuseum Basel, Kupferstichkabinett.

eines, der seinen Herrn in den Kampf begleiten mußte. Hamburgs Territorialpolitik in Ostfriesland – aus der Erfahrung eines, der den kräftigen Zugriff zu spüren bekam. Die Mainzer Stiftsfehde, mit allen kriegführenden Fürsten einzeln aufgeführt – aber hier erlebt von einem einfachen Mann, der an der Eroberung eines Dorffriedhofs teilnehmen mußte.[459] Die Kämpfe des Deutschen Ordens im Pruzzenland und gegen die Polen – aber immer aus der Augenhöhe kleiner Beteiligter: wie er das Deutschordenshabit in Feindesgebiet vorsichtshalber abgelegt habe, erzählt der eine; wie er das Deutschordenshabit im Deutschordensgebiet vorsichtshalber wieder angelegt habe, der andere; und ein Franziskaner, was er mit einer Predigt in Thorn über Loyalität gegenüber dem deutschen Orden angerichtet habe.[460]

Oder: Als König Ludwig [XI.] von Frankreich 10 000 Schweizer Söldner angeworben hatte, zog ich mit. Als König [Karl VIII.] von Frankreich gegen Neapel zog (der kühne Zug von 1494, der Machiavellis «Italia bilanciata» mit einem einzigen Stoß über den Haufen warf), war ich dabei, meine Beute kann ich dort schwerlich zurückerstatten.[461] Und andere Feldzüge dieser an Söldnerschlachten so reichen Zeit (vgl. Abb. 25). Oder der Krieg zwischen Deutschen und Schweizern (der sogenannte ‹Schwabenkrieg› 1499 unter Maximilian I., der zur faktischen Loslösung der Schweiz vom Reiche führte) mit Anträgen von *beiden* kriegführenden Seiten: der kleine Schweizer Kleriker spricht (wie die Schweizer noch heute tun) von ‹Schwaben› und Schweizern, der kleine deutsche Kleriker von König Maximilian und Schweizern.[462] Auch von den Auseinandersetzungen zwischen Friedrich III. und dem König von Ungarn (Matthias Corvinus und Nachfolger) ist mehrmals die Rede: ‹gerechter Krieg› sei das gewesen![463]

Manchmal fügen sich individuelle Fälle über denselben Vorkommnissen zu historischen Horizonten zusammen, so in den Diözesen Aquileia und Salzburg: einem ist die Ehefrau bei einem Türkeneinfall hinweggeführt worden, einem anderen ebenso; ein Mönch möchte das Kloster wechseln, weil es mehrmals von Türken heimgesucht worden war[464] – das ist der Horizont der Türkeneinfälle ins Friaul und nach Kärnten in den letzten Jahren Mehmeds des Eroberers. Zwei Nürnberger Karmeliter hatten sich, wohl unter dem Eindruck der Eroberung von Konstantinopel, zum Kreuzzug gegen Mehmed II. nach Ungarn begeben – aber als sie dort ankamen, «fanden sie niemanden, der sie in den Krieg gegen die Ungläubigen geführt hätte».[465]

Und dann die immer wiederkehrenden Pestwellen. Einem Mann aus dem Baselbiet, der den Eintritt ins Kloster gelobte, waren die Frau und alle Kinder gestorben, *uxor et omnes liberi ex infectione pestis*. Wenn er in Zeiten der Pest mit seiner Familie aus Nürnberg auf seinen Besitz nach Harrlach fliehe, möchte der Nürnberger Großkaufmann Georg Fütterer (1504 wurde er als Junger Bürgermeister in den Kleinen Rat aufgenommen) in der dort von ihm errichteten Kapelle die Sakramente empfangen können. Sogar die Syphilis, eingeschleppt aus dem eben erst entdeckten Amerika, erscheint in einem frühen Beleg: vom *morbo gallico vulgariter nuncupato* sei er so geschwächt, daß er die Fastengebote nicht einhalten könne.[466]

Oder es sind Ereignisse regionalen Charakters – lokale Fehden, begrenzte Kriege –, in die man unterwegs hineingeriet, wobei den Reisenden Dinge widerfuhren, die Anlaß gaben, sich an die Pönitentiarie zu wenden: Der Mann aus Reutlingen, der mit seinem 15jährigen Sohn von den Klinghammer aus Augsburg, unter Berufung auf ihre Fehde mit Reutlingen und anderen Reichsstädten, unterwegs überfallen und in einer Dorfstube gefangengehalten wird. Oder der Abt von St. Georgen im Schwarzwald, mit anderen Pilgern auf Wallfahrt nach Aachen, wird auf dem Rückweg in Bonn festgehalten, weil der Erzbischof von Köln mit diesem Druckmittel einen in Süddeutschland gefangenen hohen Beamten freizubekommen hofft.[467] Oder eine Episode aus dem Krieg zwischen dem Grauen Bund und dem Ritter Hans von Rechberg: der Wirt von Thusis erzählt, wie man einen Mönch, den man für einen verkappten Helfershelfer des Rechberg hielt, aufgriff und ihm in Thusis zur Verwahrung anvertraute – bis einige Wochen später Graubündner den Mönch aus dem Haus zerrten und *a furia populi* grausam lynchten.[468]

Oder die Reisenden, die auf dem Weg nach Italien die Länder Herzog Sigmunds von Tirol (auf die, wegen seines Streites mit Nikolaus von Kues als Bischof von Brixen, der Papst das Interdikt gelegt hatte) durchquerten und so gegebenenfalls der Exkommunikation verfallen waren: denn wie sollte man hier durchkommen ohne das Etsch-Tal zu nehmen? Etwa der Memminger auf dem Weg ins Veneto («um an Ausgaben und Entfernung zu sparen, und ohne viel Aufenthalte»), oder der deutsche Student auf dem Weg nach Bologna.[469] Interdikt war für Laien schon eine schwierige Situation – für Priester umso mehr, und manchmal, behaupteten sie, wisse man das nicht einmal genau. Ist denn nun Interdikt oder nicht?, wollen sich einige gefragt haben. Im Prinzip ja, aber für Leipzig sei es aufgehoben *(quoad oppidum Lipczense ... esset penitus sublatum)*, habe man ihm gesagt; in Trier sei kein Interdikt, habe ihm der Fiskalprokurator gesagt *(sibi respondit nullum esse interdictum)*, sonst hätte er gewiß nicht zelebriert.[470]

Und was sonst noch an historischen Ereignissen von regionaler oder überregionaler Bedeutung genannt wird. Der Fall des angeblichen Ritualmords der Juden von Trient an dem Knaben

Simon *(Simonino)* erscheint hier deswegen, weil der Podestà von Trient, Giovanni de Salis von Brescia, der ex officio und auf Befehl des Bischofs gegen die vermeintlichen Mörder ermittelt hatte, trotz Verbots durch den päpstlichen Kommissar Battista de' Giudici seine Ermittlungen weiterführte und so der Exkommunikation verfallen war.[471]

Hussiten. Sehr häufig erscheinen die Hussitenkriege und ihre Nachbeben und zeigen schon darin ihre Tiefenwirkung. Die großen Schlachten waren schon geschlagen, die ‹Kompaktaten› (Vereinbarungen) zwischen gemäßigten Hussiten (‹Utraquisten›) und Basler Konzil schon geschlossen (aber ohne Zustimmung des Papstes).[472] Doch die Spannungen zwischen hussitischem und katholischem Lager dauerten fort, und mit der Absetzung und Bannung von Georg Podiebrad – Führer der Utraquisten, seit 1458 König von Böhmen – durch den Papst 1465 «begann ein zweiter erbitterter Hussitenkrieg mit fast ebenso umfangreichen Verwüstungen wie im ersten».[473] Wie sich das Beben dieser religiösen und politischen Bewegung weit unterhalb von großer Politik, Gesandtschaften, Kompaktaten weiterhin in kleinen Einzelschicksalen fortsetzte, mit Krieg und Flucht, Terror und Scheiterhaufen, erzwungenen und zerstörten Ehen, auch das bildet sich in dieser Quellengattung ab.

Da sind die Priester, die – genötigt oder nicht – die Kommunion unter beiderlei Gestalt gereicht hatten: zweimal sei er deswegen schon eingekerkert worden, erklärt der eine; sonst hätten sie ihm seine Kirche zerstört, beteuert der andere,[474] usw. Andere waren tiefer verstrickt. Ein Geistlicher aus der Diözese Prag war von einem Bischof[475], der während des Interdikts im Königreich Böhmen gezwungenermaßen die Weihen erteilte, zum Diakon geweiht worden. Er hatte dann gleichwohl geheiratet, ja sogar den Taboriten (also der radikalen Richtung der Hussiten) angehangen, und bei deren Kriegszügen gegen die Katholiken mitgemacht.[476]

Viele hatten unmittelbar an den Kämpfen teilgenommen: der junge Naumburger, der vom Lehnsherrn seines Vaters, gegen dessen Willen, zum Hussitenkrieg aufgeboten wird; ein anderer, der bei der Verteidigung von Iglau gegen den (vom Papst abgesetzten und gebannten) Böhmenkönig Georg Podiebrad mitgekämpft hatte.[477] Am Krieg gegen Podiebrad beteiligten sich auch mehrere Geistliche, um den dafür ausgeschriebenen Ablaß zu erwerben, mußten aber nun gleichwohl um Feststellung einkommen, nicht wegen der Beteiligung am Kampf *irregularis* zu sein.[478]

Spürbar wird, auch in kleinen Episoden, die Atmosphäre des Mißtrauens und des Schreckens, die sich nun auch in den angrenzenden Regionen ausbreitete, zum Beispiel in den Donauländern: der Dorfpfarrer in Oberösterreich, der zum Einziehen des Zehnten aufs Feld geht «mit gespannter Armbrust mit aufgelegtem Schußbolzen», aus Furcht vor den Hussiten, die seiner Pfarrkirche schon einmal das Korn vernichtet und weggeschleppt hatten.[479] Die Freunde, die sich in einem niederösterreichischen Ort bei gegenseitiger Einladung bewaffnet gegenübertreten, weil man dort auf böhmische Ketzer treffe, die auf Katholiken losgehen.[480]

Und die Scheiterhaufen, auf denen Hussiten sterben. Der Melker Mönch erzählt, wie er als Zehnjähriger mit vielen anderen Jungen dafür Feuerholz herbeigetragen und andere dazu angehalten habe. Dasselbe bekennt von sich, geschehen in seiner Heimatstadt Laa, ein weiterer Melker Mönch, der den Hussiten «die damals fast ganz Deutschland bedrängten», dabei noch einiges nachruft: daß sie Priestern die Zunge herausschnitten und sie kastrierten.[481]

Dabei hören wir von Anhängern des Hussitismus auch außerhalb Böhmens, die exkommuniziert gestorben waren, und für deren kirchliches Begräbnis sich nun die Angehörigen einsetzen.[482] Denn die Kontakte nach Böhmen waren dicht: wie sollte es, angesichts der zentralen Stellung Böhmens in der mitteleuropäischen Wirtschaft, beispielsweise für einen Kaufmann in Nürnberg wohl möglich sein, den Umgang mit Böhmen zu vermeiden? Man hatte, wie einzelne Suppliken ausführen, natürlich mit Böhmen Handel getrieben, mit Hussiten verkehrt, Waren geliefert.[483]

Wie sehr auch die persönliche Sphäre berührt sein konnte, zeigen folgende Ehefälle. Er hatte Priester werden wollen, dann aber, «als die Sekte der Hussiten und Böhmen, Feinde aller Geistlichen, aufkam», auf Rat seiner Verwandten ein Mädchen geheiratet. Als diese *secta* dann übermächtig wurde *(superhabundavit)*, floh er aus Angst um sein Leben. Dort an seinem Zufluchtsort verkehrte er mit einer anderen Frau. Dann fiel er den Hussiten in die Hände, und die zwangen ihn unter Androhung des Scheiterhaufens, diese Frau zu verlassen und zu seiner richtigen Frau zurückzukehren.[484] Umgekehrt erging es darin einem böhmischen Laien, der in seiner sehr persönlichen *narratio* dramatisch erzählt, wie

> «er einst in Prag von den Ketzern wegen seines rechten Glaubens auf den Tod eingekerkert war und seine Genossen in dieser Gefangenschaft umgebracht wurden, und ... die Ketzer damals fast 600 Katholiken enthaupteten. Da kam eine Frau, eine böhmische Ketzerin, zu ihm in das Haus, wo er, gefesselt mit zwei anderen, die enthauptet wurden, gefangen lag, und sagte: ‹Wenn Du mich nicht zur Frau nimmst, wirst auch Du enthauptet werden *(nisi ducas me in uxorem etiam decapitaberis)*. Aber wenn Du mich zur Frau nehmen und mich heiraten

willst, werde ich Dich aus dieser Lebensgefahr befreien›. Und das tat sie. Da die beiden anderen ergriffen und enthauptet wurden, und nachdem er selbst ihr versprochen hatte sie zur Frau zu nehmen, versteckte sie ihn so, daß er nicht mit seinen Genossen enthauptet wurde».[485] Es wird auch ihr Name genannt.

Ähnlich unkonventionell war er, so behauptet ein anderer, an seine hussitische Frau gekommen. Ein Adeliger hatte ihm, seinem Diener, kurzerhand

«befohlen, eine Martha zu heiraten. Er wollte aber nicht. Da drohte sein Herr entrüstet, wenn er nicht die Martha heirate ..., werde er ihm die Augen ausstechen *(sibi oculos cavaret)* und andere Folter antun. Durch Zwang und Angst genötigt ..., schloß er mit der Martha eine Ehe oder besser: Wohngemeinschaft *(matrimonium vel potius contubernium)* und lebte einige Zeit mit ihr zusammen, wobei er noch gar nicht wußte, daß sie der böhmischen Ketzerei anhing. Als Martha merkte, daß ihr Mann treu und unbeirrbar am katholischen Glauben festhalte und ihrer Sekte feind sei, verließ sie ihn und entfloh in das Gebiet der böhmischen Ketzer. Als er nun 10 Jahre nichts von Martha gehört hatte, heiratete er Katharina, eine gute Katholikin *(bona catholica)*, hatte mit ihr Kinder und lebte 30 Jahre mit ihr. Da kam, 40 Jahre nach ihrem Verschwinden, Martha zu ihm zurück und reklamierte ihn als ihren legitimen Ehemann ...»[486]

40 Jahre sind viel, nicht nur in der Geschichte einer Ehe, sondern auch in der Geschichte der Hussiten, zwischen 1440 und 1480 war hier viel geschehen.

Recht komplex liegt auch ein weiterer Ehefall (oder wurde jedenfalls so dargestellt). Jaroslav, Laie aus der Diözese Olmütz, hatte Margarete geheiratet, obwohl er mit ihr verwandt war: er «hatte die Ehe vollzogen, um Margarete, die vorher Hussitin war, aus dieser Ketzerei herauszuholen; käme es zur Scheidung, würde... Margarete wahrscheinlich zu dieser ketzerischen Sekte zurückkehren».[487]

Und andere Fälle, in denen nicht irgendwas irgendwann irgendwo passiert, sondern auf bestimmte, datierbare Ereignisse angespielt wird,[488] weil sie unmittelbare Folgen für das eigene Leben hatten. Das ist Geschichte aus der niedrigen Augenhöhe kleiner Beteiligter (eine Perspektive, die der Historiker nur vorübergehend einmal einnehmen darf), und läßt uns auf sehr persönliche Weise erkennen; wo großes Geschehen und kleines Leben sich berühren; wo das vom Menschen gelebte Menschenalter und das vom Historiker gedachte Zeitalter zur Deckung kommen.[489] Wie auch bei jenem schlichten venezianischen Matrosen, der als 75jähriger in seinem Gesuch um Pension alle mitgemachten Schlachten der letzten 60 Jahre, *da LX anni in qua* erinnert.[490] So viel Zeitgeschichte paßt in ein Menschenleben. Sie wird in unseren Gesuchen nur in kleinen zufälligen Bildausschnitten sichtbar. Aber auch diese kleinen Ausschnitte erinnern uns daran, daß Geschichte aus Menschenleben gemacht ist.

Anhang

Anmerkungen

1 Zu diesem Hergang s. u. S. 75 f.

2 Zur sozial bedingten Überlieferungs-Chance s. A. Esch, Überlieferungs-Chance und Überlieferungs-Zufall als methodisches Problem des Historikers, in: Historische Zeitschrift 240 (1985), S. 529–570, bes. S. 544–548.

3 Auswertung solcher Verhöre z. B. bei E. LeRoy Ladurie, Montaillou, village occitan de 1294 à 1324 (Paris 1975); B. Geremek, Les marginaux parisiens aux XIVe et XVe siècles (Paris 1976); A. Esch, Räuber, Diebe, Wegelagerer. Reviere, Beute, Schicksale in Berner Verhörprotokollen des frühen 16. Jahrhunderts, in: Hochfinanz, Wirtschaftsräume, Innovationen. Festschrift für Wolfgang v. Stromer, 2 (Trier 1987), S. 741–762; für die frühe Neuzeit dann zahlreiche Auswertungen von Kriminalakten und Verhören. Pensionsantrag: wie Anm. 490. Zeugenvernehmung: A. Esch, Die Zeugenaussagen im Heiligsprechungsverfahren für S. Francesca Romana als Quelle zur Sozialgeschichte Roms im frühen Quattrocento, in: Quellen und Forschungen aus italienischen Archiven und Bibliotheken 53 (1973), S. 93–151.

4 Dazu im einzelnen die im folgenden zitierte Literatur, vor allem die Arbeiten von Ludwig Schmugge (s. Anm. 6).

5 Laien-Anteil hoch im Vergleich zum *Repertorium Germanicum*, da die dort überwiegenden Pfründen-Vorgänge Geistlichen vorbehalten waren. Was die soziale Herkunft angeht, hat Schmugge bei Ehedispensen «eher Gesuche aus niederen sozialen Schichten», bei Fastendispensen «eher Personen aus sozial höherstehenden Kreisen» festgestellt: L. Schmugge, Verwaltung des Gewissens. Beobachtungen zu den Registern der päpstlichen Pönitentiarie, in: Rivista Internazionale di Diritto Comune 7 (1996), S. 47–76.

6 Zu Kompetenz und Arbeitsweise der Pönitentiarie insbesondere L. Schmugge/P. Hersperger/B. Wiggenhauser, Die Supplikenregister der päpstlichen Kurie aus der Zeit Pius' II. (1458–1464) (Bibliothek des Deutschen Historischen Instituts in Rom 84, Tübingen 1996); neben zahlreichen, im folgenden an ihrem Ort zit. Einzeluntersuchungen zuletzt L. Schmugge, Ehen vor Gericht. Paare der Renaissance vor dem Papst (Berlin 2008); ebda S. 11 ff. eine konzise Einführung in Institution und Aufgaben der Pönitentiarie.

7 Zur Forschungsgeschichte Schmugge/Hersperger/Wiggenhauser S. 4 ff. Emil Göller schrieb seine Geschichte der Pönitentiarie, erschienen 1907–11, noch im Glauben, das Archiv sei verloren, und erhielt erst 1913 kurzen Einblick. Erste Suppliken veröffentlichte der Archivar der Pönitentiarie Filippo Tamburini: Santi e peccatori. Confessioni e suppliche dai Registri della Penitenzieria dell'Archivio Segreto Vaticano (1451–1586) (Milano 1995), neben weiteren Quellen-Publikationen.

8 *Repertorium Germanicum* [RG]: Verzeichnis der in den päpstlichen Registern und Kameralakten vorkommenden Personen, Kirchen und Orte des Deutschen Reiches, seiner Diözesen und Territorien vom Beginn des Schismas bis zur Reformation, hg. vom Deutschen Historischen Institut in Rom: bisher 9 Bände (1378–1471), erschienen 1916–2004.

9 *Repertorium Poenitentiariae Germanicum* [RPG]: Verzeichnis der in den Supplikenregistern der Pönitentiarie vorkommenden Personen, Kirchen und Orte des Deutschen Reiches, hg. vom Deutschen Historischen Institut in Rom. Band I: *Eugen IV (1431–1447)*. Text bearb. von L. Schmugge mit P. Ostinelli und H. Braun; Indices bearb. von H. Schneider-Schmugge u. L. Schmugge (Tübingen 1998). – Bd. II: *Nikolaus V. (1447–1455)*. Text bearb. von L. Schmugge unter Mitarbeit von K. Bukowska u. A. Mosciatti; Indices bearb. von H. Schneider-Schmugge u. L. Schmugge (Tübingen 1999). – Bd. III: *Calixt III. (1455–1458)*. Text bearb. von L. Schmugge u. W. Müller; Indices bearb. von H. Schneider-Schmugge u. L. Schmugge (Tübingen 2001). – Bd. IV: *Pius II (1458–1464)*. Text bearb. von L. Schmugge mit P. Hersperger u. B. Wiggenhauser; Indices bearb. von H. Schneider-Schmugge u. L. Schmugge (Tübingen 1996). – Bd. V: *Paul II. (1464–1471)*. Text bearb. von L. Schmugge unter Mitarbeit von P. Clarke, A. Mosciatti u. W. Müller; Indices bearb. von H. Schneider-Schmugge u. L. Schmugge (Tübingen 2002). – Bd. VI: *Sixtus IV. (1471–1484)*. Text bearb. von L. Schmugge unter Mitarbeit von P. Clarke, A. Mosciatti u. W. Müller; Indices bearb. von H. Schneider-Schmugge u. L. Schmugge (Tübingen 2005). – Bd. VII: *Innozenz VIII. (1484–1492)*. Text

bearb. von L. Schmugge unter Mitarbeit von A. Mosciatti u. W. Müller; Indices bearb. von H. Schneider-Schmugge u. L. Schmugge (Tübingen 2008). – Bd. VIII: *Alexander VI. (1492–1503)*: im Druck; die Fahnen wurden von Ludwig Schmugge dem Verfasser freundlicherweise zur Verfügung gestellt. Dazu s. die Untersuchungen zit. Anm. 6. Am Beispiel einer Diözese: Le suppliche alla Sacra Penitentiaria Apostolica provenienti dalla diocesi di Como (1438–1484), a cura di P. Ostinelli (Milano 2003); S. Risberg / K. Salonen, Auctoritate Papae. The Church Province of Uppsala and the Apostolic Penitentiary 1414–1526 (Acta Pontificum Suecica II, Stockholm 2008). – Ein Querschnitt in: K. Salonen / L. Schmugge, A Sip from the «Well of Grace». Medieval Texts from the Apostolic Penitentiary (Washington 2009); s. a. Tamburini (zit. Anm. 7 u. 430).

10 Ich danke Ludwig Schmugge für die sorgfältige Durchsicht meines Manuskripts.

11 Beide Rubriken eigens ausgesondert erst ab Pius II. So enthalten die 4626 Suppliken Pauls II. 1012 Fälle *De diversis formis* und 250 *De declaratoriis*; die 7478 Suppliken Sixtus' IV. 1414 *De diversis formis* und 386 *De declaratoriis*; die 4733 Suppliken Innozenz' VIII. 964 *De diversis formis* und 236 *De declaratoriis*.

12 Am Beispiel des Pontifikats Pius' II. zu den Materien von *De diversis formis* und *De declaratoriis* im einzelnen Schmugge / Hersperger / Wiggenhauser S. 96–174 bzw. 175–185.

13 Ebda, Kap. 2. Ob Suppliken auch abgelehnt wurden, ist nicht zu ersehen.

14 Dazu unten S. 19 ff.

15 Zur Novelle als historischer Quelle A. Sempoux, La nouvelle, in: Typologie des sources du moyen âge occidental, 9 (Turnhout 1973).

16 A. Esch, Weitere historische Personen in Franco Sacchettis ‹Trecentonovelle›, in: Zeitschrift für romanische Philologie 90 (1974) S. 247–252.

17 A. Borst, Meine Geschichte (hg. v. G. Seibt), Lengwil 2009, S. 41.

18 S. u. Anm. 28.

19 S. u. Anm. 375 u. 376, mit Abb. 22.

20 S. u. S. 174 ff.

21 Mit all den Schwierigkeiten (und historischen Änderungen) der Abgrenzung, deren Kriterien in den Einleitungen der RG- (und jetzt der RPG-) Bände erläutert werden.

22 Doch sind Name, Ort, Datum usw. über den zitierten Beleg jeweils leicht aufzufinden.

23 Für die damaligen Diözesangrenzen sehr hilfreich jetzt E. Gatz, Atlas zur Kirche in Geschichte und Gegenwart. Heiliges Römisches Reich –

Deutschsprachige Länder (Regensburg 2009). Für hilfreichen Rat bei der Identifizierung von Ortsnamen danke ich E. Bünz, F. J. Felten, W. Huschner, J. Mötsch, W. Paravicini.

24 Etwa RPG IV = Pius II. = 1458–64.

25 Nach Decretum Gratiani D. 5 c. 4 *(bonarum quippe mentium est etiam ibi culpas suas agnoscere ubi culpa non est)* mehrmals in den Suppliken verwendet, z. B. unten Anm. 308.

26 Am Beispiel spätmittelalterlicher Verhöre A. Esch, Mittelalterliche Zeugenverhöre als historische Quelle. Innenansichten von Zeiterfahrung und sozialem Leben, in: Wahrheit, Wissen, Erinnerung. Zeugenverhörprotokolle als Quellen für soziale Wissensbestände in der Frühen Neuzeit, hg. von R.-P. Fuchs u. W. Schulze (Münster 2002) S. 43–56.

27 Einige Italianismen sind, bei Anwesenheit des Petenten in Rom, in das Latein der Texte gekommen, entweder bei Aufsetzen oder Überarbeiten der Supplik durch einen Prokurator oder Sollezitator in Rom (zum Geschäftsgang und zur Verfertigung der Suppliken Schmugge/Hersperger/Wiggenhauser, Kap. 2), dann der *littera*, oder bei Übertragung der Supplik ins Register, z. B. *rocka* RPG I 616, *vigintitreesimum* I 694; *sedicesimo* II 940, *bastone* VI 3536, *daga* V 2136.

28 Schmugge, Ehen (wie Anm. 6), S. 21 f.

29 RPG VIII 3383.

30 RPG V 2181 *(stridens dentibus ad modum canis rabidi)*; IV 1267 Steine; betrunken: passim.

31 Brotmesser: oft; RPG IV 1791 Stock; VIII 3363 Ei; V 2181 breit.

32 RPG III 465 *doleo in scapula*; Pest IV 1791, 1807, V 1996 *(cum pestilentia in illlis partibus regnabat)*, u. ä.

33 Ärzte: s. u. Anm. 159 ff.; RPG V 2000 *ex alia superveniente infirmitate*; V 2049 *ex emissione vomiti*; II 795 *ex casu de equo cecidit*.

34 RPG IV 1469 Lanze; II 162 Pfeil; II 1040 Muskete; VI 1584 Kanone.

35 RPG I 474. Volkssprachliches in Gerichtsakten und Notarsurkunden: zuletzt V. Formentin, Frustuli di romanesco antico in lodi arbitrali dei secoli XIV e XV, in: Lingua e stile. Rivista di storia della lingua italiana 43 (2008), S. 21–99, mit reicher Literatur.

36 RPG V 2181 *infelix*; VI 3651 Eltern; I 203 Bier; VI 3518 Geschrei.

37 RPG I 635 *(campum matris tue circa posteriora arare volo)*.

38 RPG I 548 (unter Auslassung einiger Übergänge): Johannes Johannis de Maiori Slotkowo *acolitus* [oberster der niederen Weihegrade] in Posen/Poznan (1440).

39 RPG V 1978 Albertus de Seradia *cler.* Diöz. Gnesen/Gniezno (1465).

40 RPG VIII 3267 Jacobus Carnificis *cler*. Diöz. Speyer (1493).

41 RPG VIII 3388 Sebastianus Schreytter *cler*. de Oberndorff Diöz. Konstanz (1498).

42 RPG VIII 3318 *(non sum ego Johannes, sed Matthias … Quisquis sit ille et si diabolus, interficiatur)*.

43 Jean Paul, Vorschule der Ästhetik (Werke, ed. N. Miller, München 1962), Bd. 5 S. 140.

44 RPG VI 3723 Eisenrost; VII 2569 Schnürriemen; VI 3801 Stiefel; V 1940 *pro insalato faciendo*; VIII 3283 Asche.

45 RPG V 2063.

46 RPG IV 1490 Chorgestühl; V 2156 Stadttor; VIII 3312 Hemd; IV 1844 Alter; VIII 2685 Wunden.

47 RPG IV 1785.

48 RPG I 626 Wiege; Bär: s. u. S. 145; VII 1542 Schwein.

49 RPG I 735; VIII 3333.

50 RPG I 474; IV 1423.

51 Oder auf das Treibrad des Göpels, *rota*.

52 RPG V 1968; dieselbe Episode in einer Supplik desselben schon III 419.

53 RPG VI 3543.

54 RPG I 528 (Kloster Maulbronn).

55 S. u. S. 99 f.

56 RPG V 2159 Heynricus Puslit de Gorinchem *cler*. Diöz. Utrecht (1470).

57 RPG V 2127 Johannes Vuelchel alias Ebin de Straubing *presb*. Diöz. Regensburg (1470).

58 RPG VI 3754 Casparus Packenbusch *presb*. Diöz. Halberstadt (1482): im Zisterzienserkloster Lehnin bei Brandenburg; wird Weltpriester.

59 RPG VI 3763 Arnoldus de Eyll *laicus nobilis de militari genere procreatus* Diöz. Köln (1482); ungültige (hier: simonistische) Aufnahme in den Orden auch II 839.

60 RPG V 2037 Johannes Gonterii *presb*. Diöz. Mainz (1467): *per nobiles regi consueverat*.

61 RPG VI 3455 Johannes Mathie de Gambino *subdiac*. Diöz. Posen / Poznan (ders. auch 3461).

62 RPG II 931 Wunandus Johannis de Harderwich *presb*. Diöz. Utrecht (1452): soll zu seiner Frau zurückkehren und sie (II 939) womöglich zum Eintritt in einen Orden bewegen.

63 RPG VI 3712 Johannes Wilnare Pistoris *presb*. de Wilburg Diöz. Trier (1480). Zu den Formen der Eheabsichtserklärung Schmugge, Ehen (wie Anm. 6) S. 68 f.

64 RPG VII 2561 Hermannus Smelink *scolaris* Diöz. Mainz (1488); Unterricht s. a. 2617.

65 RPG VIII 3402 Anna Paleman *virgo* Diöz. Włocławek (1499).

66 RPG VII 2598 Ida filia Ruczchen *mulier* Diöz. Utrecht (1489).

67 RPG VII 2634 Elisabeth filia Michaelis Finagher *mulier* Diöz. Krakau (1491).

68 RPG VI 3714 Susanna Previgne Leonardi *piliatoris* aus Wien (1480).

69 RPG VIII 3288 Johannes Keller *presb.* Diöz. Mainz (1493).

70 RPG VII 2038 Johannes Ratolfinger *laicus* Diöz. Lausanne (1489). Zum damals vielbesuchten Wallfahrtsort [Ober]Büren a. d. Aare (bei Biel) D. Gutscher/S. Ulrich-Bochsler/K. Utz-Tremp in: Berns große Zeit (wie Anm. 175) S. 380–391.

71 RPG V 2147 Gertruda de Lakendorff *mulier* jetzt in Ulm (1470).

72 RPG VII 2609 Philippus Gruitter *presb.* Diöz. Mainz (1490); vgl. Schmugge, Ehen S. 90.

73 RPG VIII 2850 Johannes Gorlin *laicus* Diöz. Meißen (1499).

74 RPG VI 2154 Gaspar Runlling *laicus* Diöz. Freising (1472).

75 Vgl. Schmugge, Ehen, S. 91–101, mit den zwei folgenden Fällen.

76 Womit er vielleicht sagen wollte, daß er nicht die üblichen drei Finger erhob: RPG I 207 Johannes Eysselin *laicus* Diöz. Augsburg; vgl. I 209, 604.

77 Nach der Dekretale Innozenz' III., X 1.40.4.

78 RPG V 2128 Georgius Corat *laicus* Diöz. Salzburg (1470).

79 RPG VIII 3384 Gulden; VIII 3272 Überfall *in nemore*; 3273 *in campo silve tri*; durch Betrunkenmachen 3364; RPG V 2186 Bett.

80 RPG VII 2367 Ida *mulier* Diöz. Lüttich (1492); vgl. 1612. Jugendliebe z. B. VI 3598.

81 RPG VII 2601 Theodorus de Borsthorst iunior *laicus nobilis* Diöz. Köln (14 o); vgl. o. Anm. 69.

82 RPG VII 2492 Johannes Schrier *presb.* Heiliggeistordenskonvent in Memmingen (1486).

83 RPG V 2103 (ausführlich über den Scheidungsvertrag); VII 2496 Sandrina; V 1572 Stein.

84 RPG VI 2665 Anna *comitissa in Erestein* mit Hugo *burgravius in Luentz*, beide Diöz. Basel (1476).

85 RPG I 579 Bartholomeus Gunteri *laicus* und Anna Kantengrossin *mulier*, *coniuges*, Diöz. Basel (1441).

86 So RPG VI 3715 (Gelöbnis im Gefängnis). Zum Schritt aus der Ehe in den Priesterstand Schmugge, Ehen, S. 119–121.

87 RPG VII 2270. Doch Wiederheirat nach Tod des Mannes VII 1826.

88 RPG VIII 2305; 2503.

89 RPG III 227 Benedictus de Strasoldo *acolitus, canonicus eccl. b. Marie Civitatis Austrie* (1455); aus diesem Benediktinerinnenkloster in Cividale schlimm auch III 440 und 529.

90 RPG II 944 Dorpat, I 746 Prokurator.

91 Am tollsten trieb es II 141. Zu solchen Zölibatsvergehen Schmugge/Hersperger/Wiggenhauser (wie Anm. 6) S. 147–151 mit weiteren Fällen und den Maßnahmen der Kirche.

92 S. u. Anm. 113.

93 RPG VIII 3144 Fabianus Dietl *presb.* Diöz. Naumburg, mit Johannes Tym *presb.* Diöz. Mainz (1501).

94 RPG V 2085, *credens hoc sibi despectuose ex dispositione ipsius exponentis* [nämlich des Pfarrers] *pervenisse* (Diöz. Verden).

95 RPG IV 1836 Glocken (Diöz. Kammin); II 265 Trübsinn (Xanten).

96 RPG VIII 2683 Jacobus Isoldi *clericus* Diöz. Sitten, Mutter Johanneta filia Nicolai Barloz (1498, Val d'Anniviers).

97 RPG II 310 Selbstmordversuch (s. a. VII 2546); V 1604 Scheune.

98 RPG V 1888; VII 1766; Fehdeansage s. a. folg. Anm.

99 RPG VIII 2365 Hermannus Fabri *presb.* von Diessenhofen Diöz. Konstanz, Pfarrer in Sundhofen Diöz. Basel, gegenwärtig in Rom (1494): *episcopo inimicitias indixit et dimisso habitu clericali clerum eiusdem episcopi invasit*.

100 RPG VI 3519; ähnlich VIII 3369.

101 RPG VII 2501 (die Pönitentiarie will wissen, ob das Wasser für den Exorzismus wirklich unerläßlich war); vgl. VII 2530 (dass.), 2599 (Vintschgau); s. a. Anm. 118.

102 RPG II 1031.

103 RPG VI 3771.

104 Zur *irregularitas ex defectu corporis* P. Hinschius, System des katholischen Kirchenrechts, I–VI (Berlin 1869–1897), I S. 14 ff.; J. B. Sägmüller, Lehrbuch des katholischen Kirchenrechts I–II (3. Aufl. Freiburg 1914), I S. 211 f.; Schmugge/Hersperger/Wiggenhauser (wie Anm. 6), S. 143–147 u. 196–198.

105 RPG VI 3102 Johannes Kyslings *presb.* Diöz. Würzburg (1480). Einem anderen Priester war der linke, an Antoniusfeuer erkrankte Fuß eine Handbreit unter dem Knie amputiert worden, VI 3134.

106 RPG VII 2440 *(dummodo longe profecturus non sit)*; VI 3058 bringt mehrere Stellungnahmen. VIII 2215: fehlt nur eine kleine Zehe.

107 RPG II 887, 994, 765; IV 1479.

108 RPG VIII 2225.

109 RPG VI 3144. VI 2465 scheint absichtliche Verletzung eines Priesters, um ihn *inhabilis* zu machen, vgl. 2471.

110 Wobei das rechte und das wichtigere linke (das «kanonische», weil den Meßkanon lesende) Auge sorgfältig unterschieden werden, z. B. RPG IV 1489.

111 RPG V 1260 *(remansit tamen organum sanum)*.

112 RPG VI 3225 Blei; VIII 2327 Zweig (oder beim Holzhacken II 722); VII 2433 u. 2434 Kalk; zwischen VII 1977 und 1995 allein 6 Augenfälle).

113 Aus therapeutischen Gründen Hoden ärztlich entfernt; sich selbst entmannt zur Dämpfung der Fleischeslust (jeweils mehrere Fälle); wegen angeblicher oder wirklicher Belästigung einer Frau von deren Verwandten kastriert z. B. RPG VI 2405 mit 2734, 2825, 2834 u. a.; VIII 2147 *a quibusdam hostibus suis genitalibus totaliter privatus*.

114 RPG V 1975 *quia videntes eum adeo senio confractum et in octuagesimo sue etatis anno constitutum ipsum recipi recusarunt*: Johannes de Raickingen *presb.* Diöz. Trier (1465).

115 RPG VII 1604 Johannes de Thiner *presb.* Diöz. Aquileia (1485). Ein anderer muß wegen dauernder Kopfschmerzen und Schwindelgefühl immer Kräuter und Wurzeln kauen, möglichst auch während der Messe: VII 1897.

116 RPG VI 3342, 3404; VI 3253 *de incontinentia carnis suspectus non existat*.

117 RPG VI 3423 Petrus Beysturzer *frater ord. b. Marie de Anima Theutonicorum* Diöz. Salzburg (1484); vgl. I 476 Reue über den «unberatenen Eintritt» in den Johanniterorden wegen Enterbung durch die Familie.

118 RPG VI 3601 Beichten; IV 1791 Ostern; III 133 Weihwasser.

119 RPG II 886. Besuch nicht nur im Alter: VII 2269, 2406.

120 RPG VI 3538.

121 S. o. Anm. 2.

122 Beispiele s. bei Anm. 134 bzw. 221.

123 Zu dieser Frage im Spätmittelalter R. C. Schwinges, Pfaffen und Laien in der deutschen Universität des späten Mittelalters, in: Ders., Studenten und Gelehrte. Studien zur Sozial- und Kulturgeschichte deutscher Universitäten im Mittelalter (Leiden 2008), S. 301–315.

124 Dies alles allein in RPG V 2136.

125 RPG II 1052, 1053 *inimici*, II 137, 139, 444 Kürschner.

126 RPG VI 3535. Studenten untereinander z. B. auch VII 1823 (Krakau), 2559 (Köln), 2657 (Paris).

127 Wien *ad indicem*; RPG VI 3544 einmal nicht von Seiten der Studenten.

128 RPG VI 3591; vgl. V 2173.

129 RPG IV 1840 bzw. 1774.

130 RPG VI 3590.

131 RPG VI 3809 Erfurt, 3521 Heidelberg.

132 Elektronische Datenbank des Repertorium Academicum Germanicum: R. C. Schwinges, Repertorium Academicum Germanicum: ein Who's Who der graduierten Gelehrten des Alten Reiches (1250–1550), in: P. Moraw, Gesammelte Beiträge zur deutschen und europäischen Universitätsgeschichte. Strukturen-Personen-Entwicklungen (Education and Society in the Middle Ages and Renaissance 31, Leiden 2008), S. 575–600. So ist Jakob Vogt, *in artibus magister*, der während seines Studiums in Freiburg einen Kommilitonen aus der Hand von Bürgern befreit hatte, wohl identisch mit Jakob Vogt in H. Mayer, Die Matrikel der Universität Freiburg i. Br. von 1460 bis 1656, I (Freiburg 1907), S. 67. So ist Georg Ghiseler Pfarrer in Göttingen, der in Bologna studieren möchte (RPG VI 2080, s. u. Anm. 144), dort damals tatsächlich in den Akten der Deutschen Nation: G. C. Knod, Deutsche Studenten in Bologna 1289–1562 (Berlin 1899) S. 158 Nr. 1138. Unter den deutschen Kurialen in Rom waren die Studienorte Köln und Erfurt besonders häufig: C. Schuchard, Die Deutschen an der päpstlichen Kurie im späten Mittelalter 1378–1447 (Tübingen 1987), S. 207 ff.; R. Gramsch, Erfurter Juristen im späten Mittelalter (Leiden/Boston 2003), S. 399 ff.

133 Zum Thema Pönitentiarie und Universität L. Schmugge, Über die Pönitentiarie zur Universität, in: Personen der Geschichte – Geschichte der Personen. Studien zur Kreuzzugs-, Sozial- und Bildungsgeschichte. Festschrift für Rainer C. Schwinges, hrsg. von C. Hesse u. a. (Basel 2003), S. 255–268.

134 RPG VI 3540 Johannes Ysabrech *scolaris* Diöz. Chur (1475).

135 RPG VI 3703 Michael Pfragner *cler.* aus Ingolstadt (1480). In Ingolstadt *continui conflictus* zwischen Studenten und Polizei, VII 2658; vgl. VIII 3282. Und viele weitere studentische Episoden, z. B. Greifswalder Student unter Mordverdacht VI 3133, in Krieg verwickelt IV 1822, usw.

136 RPG IV 1774; VI 2856; vgl. VII 1835.

137 RPG V 1164, 1157.

138 RPG VI 3444, V 2184. Lösung s. z. B. Anm. 117, 144, 288.

139 RPG VIII 2256 Christianus Schwyglin *cler.* Diöz. Chur (1493).

140 RPG VI 3503 Vitus de Rotenburg *subdiac. canon.* in Eichstätt (1473); vgl. V 1484. Weitere in Siena V 951, VII 2622; Pavia: V 2182. Zur *Sapienza* G. Catoni, Genesi e ordinamento della Sapienza di Siena, in: Studi Senesi 85 (1973), S. 155–198.

141 Hier z. B. 1495: RPG VIII 2413 *in universitate studii huius alme Urbis* (Pfarrer Diöz. Passau); 2495 *in universitate alme urbis Rome* (Pfarrer Diöz. Salzburg); 2434 *in Romana curia* (Kleriker Diöz. Cambrai, Kardinalsfamiliar). Zum Problem des Nebeneinanders beider *studia* C. Frova / M. Miglio, «Studium Urbis» e «Studium Curiae» nel Trecento e nel Quattrocento: linee di politica culturale, in: Roma e lo Studium Urbis (Pubblicazioni degli Archivi di Stato 22, 1992) S. 26–39. Zum gleichen Thema in Vorbereitung eine Arbeit von Brigide Schwarz.

142 RPG VI 3705 Pedell, V 2184 Pole; der Hintergrund der Geschichte – weil *pro Polono habitus* – ist unbekannt.

143 S. o. S. 46 ff.

144 RPG VI 2580; als Bologneser Student auch der Pfarrer von St. Jakobi in Göttingen VI 2080.

145 RPG I 724; ähnlich VIII 3220 beim Rücktritt in den Laienstand.

146 RPG II 736 bzw. 806.

147 RPG VIII 3256, Vater des supplizierenden Jacobus Wut *clericus* Diöz. Konstanz, *coram consulibus oppidi S. Galli* (1492).

148 Im folgenden zahlreiche Fälle.

149 Erasmus, Adagia: ‹*Festina lente*›, in: Opera omnia, II (Leiden 1703), col. 403 F.

150 RPG VI 3800 Georgius Syler de Walsee *diac.* Diöz. Konstanz (1483).

151 RPG VI 3139, 3227, VIII 3102; vgl. A. Esch, Deutsche Frühdrucker in den Registern Papst Sixtus' IV., in: Manoscritti, editorie e biblioteche dal medioevo all'età contemporanea. Studi offerti a Domenico Maffei per il suo ottantesimo compleanno, a cura di M. Ascheri et al., I (Roma 2006) S. 281–302, hier S. 293.

152 *nec ullam chirurgiae artem ... exerceat, quae adustionem vel incisionem inducit*: X.3.50.9, dazu L. Schmugge, Leichen für Heidelberg und Tübingen, in: Staat, Kirche, Wissenschaft in einer pluralistischen Gesellschaft. Festschrift zum 65. Geburtstag von Paul Mikat, hg. von D. Schwab u. a. (Berlin 1989) S. 411–418, hier S. 412; vgl. Sägmüller, Kirchenrecht, I S. 261 f. In der städtischen Gesellschaft: M. Kintzinger, Status medicorum. Mediziner in der städtischen Gesellschaft des 14. bis 18. Jahrhunderts, in: Städtisches Gesundheits- und Fürsorgewesen vor 1800 (Städteforschung A 50), hg. von P. Johanek (Köln / Weimar / Wien 2000), S. 63–91, hier S. 81 ff.

153 RPG VIII 2910 Melchior Bus *presb. rector par. eccl. in Monster* Diöz. Konstanz, *in arte medicine magister* (einschränkend *citra membrorum amputationem et quoad venerit ad pinguiorem fortunam*).

154 Etwa RPG V 1963, VI 3169 u. a.

155 RPG II 875 Johannes Schouwenborch *presb.* Diöz. Halberstadt, als *apothecarius* vor und nach seiner Priesterweihe (1451).

156 So der Dr. med. und Augustinermönch Henricus Solner RPG VI 3483, sogar *pro experto medico habitus*; vgl. VI 2693 aus dem gleichen Kloster. V 1646 Leibarzt des Bischofs von Würzburg, vom Nachfolger eingekerkert.

157 RPG II 880 Nicolaus Pfeffer *presb.* Mönch von Kloster Melk (1451). Mißglückter Eingriff (Streckung einer gekrümmten Hand) auch II 877.

158 Etwa RPG II 133.

159 RPG IV 1637 bzw. VI 3724.

160 RPG IV 1260, VI 3631, VII 2648 *(ad balnea naturalia)*, II 28 *(se adeo gubernavit bibendo)*.

161 RPG V 1908 *(ex quo vulnere vel forte ex impericia medicorum ... expiravit)* bzw. VII 2445.

162 RPG VIII 3181.

163 RPG VII 2576 bzw. 2643.

164 RPG VI 3266 *rector, doctores ac universitas studii universalis* (1482). Zu den entgegenstehenden kirchenrechtlichen Bestimmungen und der Praxis L. Schmugge, Leichen (wie Anm. 152) mit weiterer Literatur. Der Fall VII 1848 des Heidelberger Mediziners Konrad Schilling *(ad perfectionem medicinalis scientie acquirendum quedam tria corpora humana cadavera dilacerari eaque membratim et in frusta scindi iussit)* s. ebda S. 415 mit Anh. 3.

165 RPG I 552; VII 1843.

166 *cimbalum*, wohl die kleine Meßglocke.

167 RPG VII 2087 Conradus Perraz *presb. rector par. eccl. de Herens* (Val d'Herens) Diöz. Sitten (1489); weitere Probleme VII 2088, 2089.

168 RPG V 1072, 1073.

169 RPG VIII 2735 Henricus Ramsz *cler.* Diöz. Würzburg als *servitor* von Theobald Pheffer von Wien (1498).

170 RPG II 926 Conradus Siboldeshus *cler.* Diöz. Mainz (1452).

171 Nach Decretum Gratiani C. 22 q. 4 c. 22.

172 RPG VI 3061 Johannes Ekebron *laicus consiliarius oppidi Aquensis* Diöz. Lüttich (1480); vielleicht in Zusammenhang mit den (1477 zu offenem Konflikt mit dem Rat führenden) inneren Unruhen.

173 Hinschius, Kirchenrecht, V S. 319 ff.; Sägmüller, Kirchenrecht, II S. 283 ff.

174 RPG VI 2563 Johannes Laitzer *laicus* Diöz. Konstanz (1475): *quandam domum tutam vulgariter nuncupatam ‹in der frighait› pro eius securitate intravit*.

175 R. Gerber, Die Gewerbeaufsicht des Rates, in: Berns grosse Zeit, hg. von E. J. Beer u. a. (Bern 1999) S. 210–212.

176 RPG VI 2117 Heitzmannus Clos *laicus* Diöz. Lausanne (1472). Zu den Grenzfällen kirchlicher Strafkompetenz, und woraus die Zuständigkeit kirchlicher Gerichte auch in weltlichen Dingen hergeleitet wurde, s. Th. D. Albert, Der gemeine Mann vor dem geistlichen Richter. Kirchliche Rechtsprechung in den Diözesen Basel, Chur und Konstanz vor der Reformation (Stuttgart 1998).

177 RPG VIII 2132. Hingegen ist die (VIII 2533 u. 2534 in einer niederländischen Stadt) auch Klerikern auferlegte Weinsteuer ein Verstoß gegen die *libertas ecclesiastica*.

178 RPG VIII 2132 (1492), gleichfalls zurückverwiesen an den Dekan des Berner Vinzenzstifts. Der Berner Patrizier und Rat Georg Freiburger (1474 Gesandter zu Karl dem Kühnen) erscheint in einer Supplik von 1501 RPG VIII 3171.

179 Im einzelnen Schmugge/Hersperger/Wiggenhauser (wie Anm. 6), S. 98–116.

180 RPG VIII 3277 Wilhelmus Walteri *laicus oppidi Sordam* Diöz. Utrecht (1493). Vgl. die Fälle bei Anm. 186.

181 RPG II 304; Hussit: s. u. Anm. 481.

182 RPG I 38 u. 37.

183 RPG VII 2516; IV 1809. Zur Signatur durch den Papst K. Salonen, The Decision of Pope Pius II in the Penitenciary Registers, in: Päpste, Pilger, Pönitentiarie. Festschrift für Ludwig Schmugge zum 65. Geburtstag, hg. von A. Meyer u. a. (Tübingen 2004), S. 515–530.

184 RPG VI 3769; I 625 *(ad hoc videndum venit et ex quadam levitate manus ad ligna apposuit)*.

185 RPG IV 1574; III 402.

186 RPG II 793 Komtur; IV 1692 Dominikaner, IV 1617 u. 1620 Notar (die Fälle aus dem Pontifikat Pius' II. jeweils behandelt bei Schmugge/Hersperger/Wiggenhauser, S. 108); *defectus lenitatis* s. a. Sägmüller, Kirchenrecht, I S. 219 f.

187 RPG IV 1793. Ein deutscher Fall s. o. Anm. 170.

188 RPG I 628; VI 3701; Trompeter s. u. Anm. 408.

189 RPG VI 3583 Scharfrichter; IV 1779 Mörder; IV 1021 u. 1111 Mantel.

190 RPG VI 3473 Johannes Happeyner *presb*. Diöz. Mainz (1472): bittet um Erklärung, daß er am Tode Heinrichs nicht schuldig und somit zur Ausübung des Priesteramts weiterhin befähigt sei. Zum verheerenden Stadtbrand von 1472, dem die beiden Stiftskirchen St. Marien und St. Severi zum Opfer fielen: Erfurt 742–1992, hg. v. U. Weiß (Weimar 1992), S. 193 f. Stadtbrand durch Brandstiftung s. a. VI 3602.

191 RPG IV 1834 Tiellemannus Waethkenfeidde *cler. rect. scolarium mon. s. Egidii Brunsvicen.* Diöz. Hildesheim (1464). Zur Praxis geistlicher Weihnachtsspiele H. Linke in: Die deutsche Literatur im späten Mittelalter, Teil 2, hg. von I. Glier (de Boor-Newald, Geschichte der deutschen Literatur), München 1987, Kap. 4, S. 203–217; Schmugge/Hersperger/Wiggenhauser, S. 180 f.

192 RPG III 388 Gaspar Luszow *presb.* Diöz. Brandenburg (1457).

193 RPG IV 1807, VIII 2923.

194 RPG VIII 3371 (s. a. 3379, 2935); VI 3479.

195 RPG IV 2020 *scolares mechanici* (falls das so zu verstehen ist); Schulweg, Ausflug II 283, IV 1800–1802.

196 RPG V 2006 Laurencius de Radeborgh *acolitus* Diöz. Meißen (1466).

197 RPG VI 3621 Nicolaus Bartolomei de Bytthgostia (Bydgoszsz/Bromberg) Diöz. Włocławek (1477).

198 RPG VI 3542; VI 3496.

199 RPG VI 3569 Wolfgangus Gfider *acolitus* Diöz. Regensburg (1475).

200 RPG VI 3269 Henricus Oem *cler.* Diöz. Kammin vs. Ewaldus Jorden *laicus* Diöz. Kammin (1482).

201 RPG VI 3646 Johannes Puerger *scolaris de Oberndorff* Diöz. Aquileia (1478).

202 RPG II 797 Antiphon; V 2159 unsauber (s. o. Anm. 56; ähnlich VII 1625); VII 2608 verstärken.

203 RPG VIII 2474 Laurentius Chulner (1495).

204 RPG VIII 2154 Baptista de Provalio *presb.* Pfarrer von S. Martino *de Caciis* Diöz. Brescia: *cum in arte musice et cantandi in divinis officiis et psallendi eruditus existat et magisterium docendi habeat, et si liceret sibi ad alias maiores et insignes ecclesias declinare et in illis personaliter residere* (1493).

205 RPG VIII 3366; Trompeter s. Anm. 408; *fistulatores, tubicines et alii artem sonandi exercentes* einer elsässischen Bruderschaft RPG V 2039.

206 Päpstlicher Sänger s. u. Anm. 409.

207 D. Esch, Musikinstrumente in den römischen Zollregistern der Jahre 1470–1483, in: Analecta musicologica 30/I (1998), S. 41–68.

208 RPG VIII 3262, Fridericus Thome *cler.* Diöz. Würzburg, im Haus eines Petrus Trautels *laicus* Diöz. Mainz (die bis an die Saale reichte), 1493.

209 RPG VI 3632 (ähnlich 3668); VIII 3274.

210 RPG VII 2354 (*Philippus comes Palatinus Rheni, princeps elector Romani Imperii et Bavarie dux,* 1492). Erhalten blieb vom ‹Frauenzimmerbau› bei den Zerstörungen von 1689 und 1693 nur das Erdgeschoß, nicht dieser Oberbau. Zu der frühen Burganlage J. Kolb, Heidelberg. Die Ent-

stehung einer landesherrlichen Residenz im 14. Jh. (Sigmaringen 1999), S. 76 ff.

211 RPG VII 2342 *Huchlhain* Diöz. Augsburg, 1492; wünschen darum einen Friedhof vor den Mauern anzulegen. Auch der Dominikanerkonvent in Köln möchte seinen Friedhof verkleinern und *ad usus prophanos redigere*: RPG VIII 3147 (1501).

212 A. Esch, Rom und Bursfelde: Zentrum und Peripherie, in: 900 Jahre Kloster Bursfelde. Reden und Vorträge zum Jubiläum 1993, hg. von L. Perlitt, Göttingen 1994, S. 1–57, bes. S. 36 f.

213 RPG VIII 3395 (1499).

214 Zu den Geboten Sägmüller, Kirchenrecht, II S. 280–283; zur Praxis zuletzt M. Klipsch, Vom Fasten bei Wasser und Brot bis zum Fleisch- und Buttergenuß. Die spätmittelalterliche Buß- und Fastenpraxis im Spiegel der kurialen Registerüberlieferung, in: Ludwig Quidde und die Erschließung der kurialen Registerüberlieferung (im Druck).

215 RPG VI 2152 Herzog, V 1356 Kanzler; VII 1852 Heidelberg, VI 2345 elf Dörfer; VIII 2262 Gast.

216 *in nauseam venit adeo, quod illo uti abhorrent et sine butiro sustentari non valent* u. ä.: Gesuche passim. Jemand verträgt keinen Fisch RPG VI 2058, 2863 u. ö., ja kriegt vom Fischessen Nierensteine und könnte mit Milchprodukten länger leben VI 3113. Der Genuß von Butter wird meist allen gewährt, der von Milchprodukten manchmal nur Schwachen und Armen.

217 RPG VI 3022 Sebaldus Bunlack *laicus habitator Venetiarum* (1480).

218 RPG VII 1909 (1487); mit den Nachbarorten argumentierend auch VII 1501, 2112.

219 RPG VII 2172 Kirchberg Diöz. Mainz, wohl das im Hunsrück: anspielend auf die Legationsreise von Alessandro Numai Bischof von Forlì.

220 RPG VII 2117 u. 2201 Johannes *silvestris comes in Dhune, Kirburg, Reni et in Salme* Diöz. Mainz, Trier und Metz (1489 u. 1491).

221 RPG VII 2570 Bettler; V 1986 berauben; VIII 3304 Sprüche. Zum Thema Pfarrei und niederer Klerus, worum es vor allem geht, grundlegend D. Kurze, Der niedere Klerus in der sozialen Welt des späteren Mittelalters, in: Beiträge zur Wirtschafts- und Sozialgeschichte des Mittelalters. Festschrift für H. Helbig zum 65. Geburtstag, hg. von K. Schulz (Köln 1976), S. 273–305; vgl. jetzt E. Bünz, Die mittelalterliche Pfarrei in Deutschland. Neue Forschungstendenzen und -ergebnisse, in: Pfarreien im Mittelalter. Deutschland, Polen, Tschechien und Ungarn im Vergleich, hg. von N. Kruppa (Göttingen 2008), S. 27–66.

222 RPG VIII 3337.

223 RPG II 109 (*litteratus* im Sinne von lese- bzw. schreibkundig); II 831 Komtur; VIII 3452 Schreiber.

224 *in servitio cuiusdam comitis secularis;* als *cancellarius et familiaris cuiusdam militis, in cancelleria unius principis*; als *notarius quorundam baronum* usw.: RPG V 2090, IV 1799, II 445, VII 1789; oder auch genauer: für die Herren von Plesse VI 3443, für den Vasallen des Herzogs von Burgund an den König von Ungarn VI 2100, u. ä.: oft ausdrücklich vor ihren ersten Weihen. Notar auch VIII 2675: ein Priester der Diözese Ratzeburg, *notarius auctoritate apostolica*, will sein Amt nicht mehr ausüben (1498).

225 S. o. Anm. 186; Schmugge/Hersperger/Wiggenhauser S. 98–116.

226 RPG VII 2493 Essen; IV 1835 Adeliger; VI 3656 Hussiten; II 109 Fleisch.

227 RPG III 550 Symon Rule *cler.* Diöz. Breslau/Wrocław (1458).

228 RPG I 89 Cristoforus Vaderberger *scolaris* Diöz. Salzburg (1439); hier fragt die Pönitentiarie zurück, ob er das tatsächlich nicht verstanden habe.

229 RPG V 2052 Macharius van der Hynt *diaconus* Diöz. Münster (1467).

230 RPG VII 2519; I 516; I 732.

231 RPG II 715; III 578.

232 RPG VI 2164; V 933.

233 RPG V 1921. Echte Siegel abgeschnitten und an gefälschte Briefe angehängt: IV 1126, VII 2401. Nachbildung von Siegeln ohne Fälschungsabsicht s. u. Anm. 414.

234 RPG II 978; I 156; I 504. Oder II 713 hatte Brief des polnischen Königs gefälscht; I 526 hatte unvollständige, leicht zu mißbrauchende Urkundenabschriften angefertigt.

235 Falls ich die Stelle richtig verstehe: *computando Kalendas a principio mensis*, hatte der Kleriker aus der Diözese Mainz geglaubt, der päpstliche Ablaßbrief sei bereits verfallen: RPG IV 1415.

236 RPG VI 3698 (Georgenkloster unterhalb der Pleißenburg, 1480). Dazu demnächst eine Dissertation von A. J. Gornig, Das Nonnenkloster St. Georg vor Leipzig.

237 Natürlich kein spezifisches Delikt von Klerikern, aber es sei an dieser Stelle eingereiht.

238 RPG I 485 Mathias Stanislai *presb.* Diöz. Krakau (1440). Vgl. VI 2325 Mönch als Falschmünzer; VI 3657 Falschgeld eingesetzt beim Glücksspiel.

239 So die Bezeichnung von B. Schwarz, Römische Kurie und Pfründenmarkt im Spätmittelalter, in: Zeitschrift für historische Forschung 20 (1993) S. 129–152. Zu den kirchenrechtlich vorgesehenen Formen von Verzicht und Tausch Hinschius, Kirchenrecht, III S. 265 ff.

240 RPG IV 878.

241 RPG II 807 *equus*; IV 1161 *vacca*; 1280 *ballista*; 1290 *vestis ... ad uxorandum.*

242 RPG VI 3099.

243 So RPG V 1648; II 826 erstattete dem Verzichtenden nur die 34 flor. Ausgaben für die römischen Bullen.

244 Pensionen z. B. RPG II 874; V 1090, 1437; VI 2301; VII 1707, 1786, 1873, 2115; vgl. Schmugge/Hersperger/Wiggenhauser, S. 134–137. Zum Vorgehen Venedigs gegen die Vergabe von Pfründen an Nichtvenezianer RPG VIII 2289.

245 RPG VIII 2792 Kanonikat und Präbende Dorpat (1499).

246 RPG VIII 2298 Altarvikarie in Alter Kapelle Regensburg (1494); vgl. 2270 mit Umrechnungskursen.

247 RPG VIII 2646 Wenceslaus Snorbach *presb.* Diöz. Trier, Präzeptor des Hl. Geist-Hauses in *Kyddeword* Diöz. Ratzeburg (Kuddewörde östl. Hamburg), als Pfarre dem Heiliggeist-Orden übertragen (1498). Dazu demnächst J. Reichstein im Schleswig-Holsteinischen Klosterbuch.

248 RPG VI 2272, 2273 (1473). Solche Rechnungen zeigen, daß Pfründenwerte «kein getreuer Spiegel der Einkommenssituation» des niederen Klerus sind: vgl. Bünz (wie Anm. 221) S. 44.

249 RPG VI 2699; oder ein schönes Essen gegeben (vorher oder nachher?) VIII 2605.

250 RPG III 104 *ad colligendum elemosinas hospitalis S. Bernardi Montis Jovis* (1455).

251 RPG II 70 (*opp. Buren.*: Beuron am Oberlauf der Donau, oder Beuren bei Singen? bei Salem? Alle Diöz. Konstanz).

252 RPG V 2066; III 517.

253 RPG VII 2479 Nicolaus Moke *presb.* mit Michael Breders *presb.*, beide Diöz. Kammin (1485).

254 RPG V 2125 Nachschlüssel; V 2108 (vgl. VII 2499) blamiert; V 1491 Feige; III 303 betrunken.

255 RPG VI 3788 Ludovicus de Elsbroechi *presb.* Diöz. Lüttich (1483).

256 Beispiele für damals von Hofbankiers erwirkte Exkommunikationen für den deutschen Raum: A. Esch, Überweisungen an die Apostolische Kammer aus den Diözesen des Reiches unter Einschaltung italienischer und deutscher Kaufleute und Bankiers. Regesten der vatikanischen Archivalien 1431–1475, in: Quellen und Forschungen aus italienischen Archiven und Bibliotheken 78 (1998), S. 268 f., 303, 311, 365, 370, 380.

257 C. Schuchard, Die päpstlichen Kollektoren im späten Mittelalter (Tübingen 2000); am Beispiel eines kleinen Ablaßkollektors damals in Deutschland A. Esch, Aus dem Alltag eines Ablasskollektors. Eine Reise durch Deutschland, die Niederlande und Österreich anhand der Buchführung 1470–72, in: Päpste, Pilger, Pönitentiarie (wie Anm. 183) S. 109–134.

258 RPG IV 1470 Xanten; 1584 Augsburg; 1414 Polen; V 1329 Köln; VI 2667 Straßburg (der dort genannte Hofkaufmann ist Petrus de Tornaquincis, vgl. Esch, Überweisungen S. 379).

259 RPG IV 1357–1359; der Kurie nahe: vgl. Repertorium Germanicum VIII 1398, 3053, 4486.

260 Daß Johannes Haesler seine Annaten damals über die Medici zahlte, zeigen die Kammerregister: Esch, Überweisungen, S. 320.

261 RPG II 863, 955; in VI 3138 tritt der römische Kammerauditor wohl als Appellationsinstanz auf; V 2098 mit Nicolaus Spitzmir Kollektor in Polen und Böhmen (1469); VIII 2948 ein Student der Universität Krakau verurteilt durch den Rektor der Universität *ad instantiam mulieris creditricis* (1500).

262 Wechsel oder unerlaubtes Verlassen des Klosters oder des Ordens in Suppliken der Pönitentiarie s. Schmugge/Hersperger/Wiggenhauser (wie Anm. 6) S. 117–125; Eintritt gelobt aber nicht vollzogen S. 158 f.

263 RPG II 737 Theodorica *nata villici Reyner mulier* Diöz. Utrecht (1450).

264 RPG III 130 Anna filia Nicolai *parvisartoris de Nuenburch* Diöz. Basel (1455).

265 RPG V 2152 Barbara Roderin *mulier* Diöz. Bamberg (1470).

266 RPG VI 3772 Jacomina de Buclant *mulier* Diöz. Utrecht (1482); reiche Verwandte: VIII 3445.

267 RPG II 479; II 770. Weitere Beginen s. etwa VI 3564, 3805.

268 RPG VII 2602 Gertrudis van den Hove *mulier* Diöz. Lüttich (1490).

269 RPG VII 2262. Lösung des Eheversprechens wegen Lepra VIII 2478, 3441; ein Lepröser tötet einen anderen 2562.

270 Etwa RPG VI 3660. Ausführlichere Schilderungen auch IV 1839, V 2140, VI 3558, 3677, u. a. Zu den weiblichen Petenten L. Schmugge, Female Petitioners in the Papal Penitentiary, in: Gender & History 12 (2000), S. 685–703.

271 RPG VIII 3361; 3423.

272 RPG V 2005 Henricus de Glymis *nobilis clericus* Diöz. Lüttich, *de baronum genere procreatus* (1466).

273 RPG IV 1831 Gherardus Goesvini *presb.* Diöz. Utrecht (1463).

274 RPG IV 1833 Georgius Weydeman *presb.* Diöz. Włocławek (1464).

275 RPG V 1975 Kartause; IV 1550 Alter; IV 1370 Zähne; ähnlich II 451 u. a.

276 RPG I 527 gut situiert; VI 3526 (*quandam domum o. Cist. Boni Lapidis*: wohl Güterstein bei Urach); VI 3753 Tegernsee.

277 RPG VIII 3083 Ludovicus Droyseke *presb.* Diöz. Havelberg (1500).

278 RPG VIII 2405 (1495); 2732 u. 2759 Suppliken adeliger Damen zum Betreten von Zisterzienserklöstern mit den Grablegen ihrer Familien. Johanniter-Komturei s. o. Anm. 60.

279 RPG II 834 Kriege; VI 2598 Magen. Spannungen auch II 138, 233; IV 928; VI 2288; VII 1608, 1609 u. a. Zu Klosterflucht und -wechsel M. Svec, Apostasie und Transitus in der Registerüberlieferung und *in partibus*, in: K. Salonen/C. Krötzl (Hg.), The Roman Curia, the Apostolic Penitentiary and the *partes* in the Later Middle Ages (Acta Instituti Romani Finlandiae 28, Roma 2003), S. 183–200.

280 Etwa RPG IV 1003, 1005, 1050, VIII 3323.

281 RPG III 329 u. 500 Aufstand; VIII 2796 Pamphlet; I 160 Ziegelei; III 373 Kerker; VII 2280 Wahl.

282 RPG VI 2307 *(se austeritatem regule dicti ordinis servare non posse)*; II 1035 *(adeo oppressus et pene exhaustus fuerat, quod frenesis et ydroposis morbos incurrere timebat)*.

283 RPG II 908; IV 1355.

284 RPG III 219 kalt; V 2096 Kopfschmerzen; II 467 außerhalb; IV 1570 (war aus den Heilbädern gar nicht mehr zurückgekommen).

285 RPG VIII 2804 Johannes Swering de Oldenzal *presb., professus ord. Cruciferorum* Diöz. Utrecht (1499).

286 RPG III 343 Hermannus Doleator *presb., canon. prof. mon. o. s. Aug. Novioperis* Diöz. Magdeburg (1456).

287 RPG V 1254 Johannes Lens *presbiter*, *monachus mon. o. s. Ben. Remspron*/ Reinhardsbrunn Diöz. Mainz (1466). Zu diesem und weiteren Fällen s. E. Bünz, Gezwungene Mönche, oder: Von den Schwierigkeiten, ein Kloster wieder zu verlassen, in: Religiöse Bewegungen im Mittelalter. Festschrift für Matthias Werner zum 65. Geburtstag, hg. von E. Bünz u. a. (Köln/Weimar/Wien 2007), S. 427–446, hier S. 437.

288 RPG V 1154; IV 1058 u. 1059. Zu solchen Fällen Schmugge, Universität (wie Anm. 133) S. 231 f.

289 RPG IV 1441 Bertrandus Tilgrimi *presb.*, Mönch im Benediktinerkloster St.-Symphorien in Metz (1462).

290 RPG VII 1895 Vitus Awer *acolitus et canon. prof. mon. o. s. Aug. Pawnburg* Diöz. Salzburg (wohl Baumburg nördl. Traunstein, 1487).

291 RPG VI 3498 drei Supplikanten des Benediktinerklosters Asbach südwestl. Passau, 1473). Vgl. das spaßhafte Spiel V 1113.

292 Aus der umfangreichen Literatur etwa K. Elm (Hg.), Reformbemühungen und Observanzbestrebungen im spätmittelalterlichen Ordenswesen (Berlin 1989), mit zahlreichen Beiträgen.

293 RPG z. B. V 2114, VI 2314, VIII 2177.

294 RPG VI 2314 Mechteldis de Muelhoffen, Nonne im Zisterzienserinnenkloster Heilsbruck bei Edenkoben südwestl. Speyer (1473).

295 RPG VII 2288 *moniales nobiles* des Benediktinerinnenklosters S. Anastasia in Vergaville / Widersdorf Diöz. Metz (1491): belastet *cum abhominabilibus, insolitis et humane conditioni presertim muliebri sexui contrariis et intollerabilibus oneribus noviter impositis*. 9 Jahre später möchte Agnes Holzapfelin doch wieder in ein Kloster zurück, aber nicht in dieses: VIII 2872 (1500).

296 RPG VI 2811 (vgl. 2859); VIII 3444.

297 RPG VI 2931; V 1185.

298 RPG II 803 (Dominikanerinnen), VI 2800 (Benediktinerinnen).

299 RPG VIII 2210 Johannes Wigandi *presb., professus ord. fratrum herem. S. Aug. conventus Erford.* (1493).

300 RPG VIII 3396.

301 RPG IV 1498, 1519, 1598 drei; V 1934 Metz; VIII 2101 Armut.

302 RPG II 878 Johannes Opseer *subdiac.*, *monachus ord. Premonstr. Augie Minoris* Diöz. Konstanz (1451).

303 Mehrere Beispiele in RPG VIII; Burgunderkriege, Hussitenkriege s. u. S. 174 ff.

304 RPG III 522 Kanonen (vgl. VIII 3254); VI 3492 Elsaß; V 2101 Mautern; IV 1822 Johanniter.

305 Burg s. Anm. 226; Kanonen: s. Anm. 34 u. 444; Verteidigung s. Anm. 326; Schußfeld s. Anm. 441.

306 RPG VII 1885 Osvaldus Bischof von Zagreb mit Kanonikern (1487).

307 RPG II 561–686 und öfter: Laien, darunter viele Adelige.

308 S. o. Anm. 25.

309 RPG VIII 2558 Rogerius de Westernach *armiger laicus* Diöz. Augsburg (1496).

310 RPG VI 2442 Jacobus de Ampringen *nobilis armiger* Diöz. Konstanz (1475).

311 RPG VII 2029 Nicolaus Eberszbach *scolaris nobilis* Diöz. Meißen (1489).

312 RPG VI 2409 Laken; VIII 2116 Haß; V 1193 Verhör.

313 RPG V 2016 (*opp. Sunden*, Stralsund).

314 Reg. Suppl. [Kanzlei, nicht Pönitentiarie] 280 f. 241v–242r, ed. A. Esch,

Brügge als Umschlagplatz im Zahlungsverkehr Nordeuropas mit der römischen Kurie im 15. Jahrhundert: die vatikanischen Quellen, in: Hansekaufleute in Brügge, Teil 4: Beiträge der Internat. Tagung in Brügge April 1996 (Kieler Werkstücke, Reihe D, Bd. 13), hg. von N. Jörn / W. Paravicini / H. Wernicke (Frankfurt a. M. u. a. 2000), S. 136 f.

315 RPG VI 3662; VIII 3017.

316 RPG II 264 *nisi quod tela et ballistas dicto duci paraverunt et ministraverunt* (nur wenn sie andernfalls in Lebensgefahr waren, sagt Rom); 1450, geschehen *nuper*, also Barnim VII. oder VIII.

317 RPG V 2040 Hermannus Henrici *cler.* Diöz. Bremen *auctoritate imperiali notarius* (1467).

318 RPG II 234. Das *hospitale infermorum nautarum* in Danzig / Gdansk in RPG VIII 2521.

319 *Instrumentum est in Germania primum, ac nostra demum etate, repertum ferreum seu cupreum ad mensuram hominis longum, pugillaris spissitudinis, concavum fere totum, in cuius ore plumbea ponitur pilula ad magnitudinem nucis avellane immisso prius pulvere, qui ex cynere fici aut salicis conficitur sulphure et nitro commixto*; und weiter über Zündung und Abschuß: *Commentarii* IV 24 (ed. A. van Heck, Studi e Testi 312–313, 1984, S. 272). Zu den Anfängen der Handfeuerwaffe M. Thierbach, Die geschichtliche Entwicklung der Handfeuerwaffen (1886, Nachdruck Graz 1965).

320 RPG IV 1328 Johannes Nicolai de Wrzesinia *cler.* Diöz. Gnesen / Gniezno (1461); wohl Wrzesnia östl. Posen / Poznan).

321 RPG IV 1526 Apoldus *presb.* Diöz. Trier, Vikar an der Georgskirche in Limburg (1463). Vgl. Schmugge / Hersperger / Wiggenhauser, S. 107.

322 RPG VI 2803 *(cum quadam pixide seu scopetta)*; VII 2596 Turm.

323 RPG VIII 3275 Johannes *presb. viceplebanus in Rumesbuch* Diöz. Trier, vorgefallen *in castro Maclaro quod ad archiep. Trever. spectat* (1493), wohl Burg Montclair bei Mettlach.

324 RPG VII 2250 Thomas Gender *presb*. Diöz. Würzburg; Unglück *cum quadam scoppeta* auch III 276.

325 Die gleiche Größenangabe findet sich bei Pius II. (s. Anm. 319)!

326 RPG V 2068 Bernhardus Eslis *presb.* in Münster (1468).

327 S. u. Anm. 444; *globos plumbeos* auch RPG II 403.

328 RPG VI 3462 Nicolaus Rockenhuser *presb.* Diöz. Mainz (1472).

329 Etwa in den Lieferungen nach Rom, oft aus dem Norden: A. Esch, Economia, cultura materiale ed arte nella Roma del Rinascimento. Studi sui registri doganali romani 1445–1485 (Roma 2007), S. 141 f.; s. a. Abb. 19.

330 RPG VI 3472 u. 3505; VI 3581.

331 RPG VI 3770; III 113.

332 RPG VIII 3245 Gerardus de Wortmont *presb. professus ord. s. Aug. canonicorum regularium mon. S. Gertrudis* in Löwen (1503). Unheil mit Bogen auch 3391.

333 *in qua persone ecclesiastice cum honestate convenire consueverant*, z. B. zur Feier der Primiz; etwa RPG IV 1553 u. 1808.

334 RPG VI 3599 Jacobus Saberszhusen *acolitus* Diöz. Trier mit Johannes Vynthen *scabino* Trever. (1476); *mallieto*, ital. maglietto.

335 RPG VIII 3267, 3334, 3355, u. a. Zu Formen und Folgen der Trunkenheit im Mittelalter R. Kaiser, Trunkenheit und Gewalt im Mittelalter (Köln / Weimar / Wien 2002).

336 RPG VII 2479, 2491 u. ö.

337 RPG IV 1805 Pfarrkinder; VII 1805 Bescheid geben *(potum servisie sibi oblatum bibere)*.

338 RPG VIII 3130 Martinus Hopp *cler.* Diöz. Naumburg, Sohn eines *hospes sive pincerna* (1500).

339 RPG VI 3539; IV 1649.

340 RPG V 2034 Johannes Sartoris de Wunsidel *presb.*, betr. den Pfarrer von *Peydel* Diöz. Regensburg (Beidel in der Oberpfalz). Vgl. *Ite, tempus est dormiendi, non volo amplius dare potum*, II 859.

341 RPG VI 3786.

342 RPG VIII 3403 Cristanus Ringler *presb*. Diöz. Freising (1499).

343 RPG VI 3518 Münze; V 2142 Ohr; VII 2498 Ringkampf; VI 3759 Kerze.

344 RPG V 2084 *(dubitans propter rixas et dissensiones que in dicto festo fieri solebant)*. Räder: VI 3738.

345 RPG VI 3757 (vgl. 3759); heruntergespielt: III 283.

346 RPG VIII 2787 Johannes Fabri *cler.* Diöz. Mainz, *nob. viri Sigismundi comitis de Gleichen scriptor* (1499). RPG V 2168 berichtet detailliert, wie ein Feind des Bischofs von Freising in einem Münchner Wirtshaus aufgespürt wird.

347 RPG VI 3798 Johannes Snelek filius Martini de Dolezechow *acolitus* Diöz. Krakau: *in quodam oppido Drabitz Premislen. dioc.* (Drohobycz?, heute Westukraine), 1483.

348 RPG IV 1790, 1804 Gewichte; III 450 Brezel.

349 RPG VIII 3308 u. 3309, 3305, 2787.

350 RPG VI 3441; II 865.

351 RPG V 2008, 2043, 2166.

352 RPG VIII 3307 *dyllgtez*; VII 2575 *tillitz*, VII 2500 *weydmesser*. Oder: *instrumento ferreo ‹pipennis› vulgariter nuncupato* V 1977; *ferro sive ‹cambuca ferrea›*

nuncupato VI 3814; *gladio ‹framea› vulgariter nuncupato* ebda, vgl. 3479; *securis* oder *bipennis ‹barta› nuncupata* VIII 3324, 3348.

353 RPG V 2044 Dormitorium; II 123 Bett; VI 3675 (vgl. V 2021) Kleinkind; I 596 (vgl. V 1418) stören.

354 RPG VI 3657 Conradus Leyben *cler.* in Hildesheim (1478).

355 RPG VI 3664 Bier; IV 1757 Kartenspiel; V 2063 Glücksspiel. Und was tun mit nachgelassenen Geldern, die aus Würfelspiel und anderen verbotenen Spielen zusammengekommen waren? VIII 2379.

356 RPG VI 3135 Johannes Kung *presb., canon. regul. mon ord. s. Aug. Interlacen.* Diöz. Lausanne (1481); vgl. VII 2500.

357 RPG VIII 3450 Mathias Slegel *presb.* Diöz. Naumburg (1501).

358 RPG VIII 2681 Wilhelmus Torwenghe *presb.* Diöz. Utrecht (1498).

359 RPG V 2051 Johannes Craffe *presb.* Diöz. Salzburg (1467).

360 RPG VI 3582 Quirinus Winhart *acolitus* Diöz. Augsburg (1476).

361 RPG V 2000 *cuius ludi consuetudo est quod ... secundum ordinem primus secundus tertius et cetera proicientes, quis dictum lignum tangeret, parcum exit et dictum lignum capram erigit* usw. (1466).

362 RPG VI 3693; vgl. VIII 2678.

363 RPG VIII 2709.

364 RPG VIII 2667 Martinus Lescher de Teyssing *presb.* Diöz. Regensburg gegen Henricus Reumer *cler.* Diöz. Augsburg (1498).

365 RPG VI 3655 Nicolaus Tamal *presb*. Diöz. Chur (1478).

366 RPG VIII 3325 Johannes Gulden *presb.* Diöz. Passau (Pfarre St. Leonhard am Forst, 1495).

367 RPG III 34 Guaspar Piscatoris *presb., rector par. eccl. in villa Lumentz* (fehlt Diözese, darum nicht zu identifizieren; 1455).

368 RPG V 2081 Johannes Starckebein *presb.* Diöz. Halberstadt: *Ratmersdorp* wohl Rathmannsdorf bei Staßfurt, *Arxslen* wohl [Hohen]Erxleben (1468).

369 RPG V 2191 Mathias Barg *acolitus* Diöz. Brandenburg (1471).

370 RPG V 1996 Georgius Cliner *presb. plebanus par. eccl. in Edelpach* Diöz. Passau (1466), wohl Edlbach in Oberösterreich.

371 RPG VI 3643; vgl. II 754, 982.

372 RPG V 2047 Wedego *ep.* Havelberg (1467).

373 RPG IV 1816 Olavus Petri *presb.* Diöz. Roskilde (1462). II 936: ein deutscher Priester, der die Zehnten des Domkapitels von Verona als Pächter eintrieb, hatte sie nicht alle erhalten, konnte sie darum auch nicht alle abliefern, und war deshalb exkommuniziert.

374 RPG VIII 2606 Sixtus Gegen *scolaris de Plinthen* Diöz. Augsburg (1497); Garbe Hafer: VIII 3291.

375 RPG VI 3674 Stanislaus de Prziborovo *cler.* Diöz. Posen/Poznan (1479).

376 RPG V 1958 Unterricht; V 1960 Fluß. Badeunfälle auch VII 2454, VIII 3036 (Student und Dozent Universität Ingolstadt).

377 RPG VI 3509 (*mon. ord. Cist. Mariestelle alias Vetingen*: Wettingen; *mon. Vallis Gracie*: Zisterzienserinnenkloster in Niederwil).

378 RPG III 45 Mathias de Bochana *frater ord. Premonstr. sub regula ord. s. Aug. in Bisestro* Diöz. Krakau (1455).

379 RPG VIII 3329.

380 RPG VII 2568 Martinus de Kozin *cler.* Diöz. Gnesen/Gniezno (1488). (‹*zado*› wohl eine Beleidigung).

381 RPG II 61 Nicolaus Torbeke *acolitus* Diöz. Brandenburg (1449); der inserierte Brief an Luckau: *Nos intelleximus de nostro concive, qualiter sibi in strata publica sit raptus quidam suus equus et ductus ad vestram civitatem Lukaw et ibidem venditus; nos rogamus vos quod velitis diligentiam facere ad sciendum, quis huiusmodi equum rapuit, et spoliavit et faciatis quod nostro concivi, [quod] restituatur sella dicti equi, et si in hiis vos ostendetis* [fehlt z. B. ‹hilfreich›], *hoc volumus erga vos promereri.*

382 RPG V 1983.

383 RPG VII 1513 *magistri civium, proconsules et consules imperialis oppidi Nurembergen.* (1485).

384 RPG IV 1680. Die Weite und Ärmlichkeit eines Alpentals (Calanca-Tal) beschrieben in solchem Gesuch eines Pfarrers VIII 2911.

385 RPG VIII 2755 Brücke; 3335 Blitz; V 2121 Furt.

386 RPG II 183, 815, 833, 976.

387 RPG VII 2588 Riga; II 825 (vgl. 406) Bautzen; VI 3536 Tür.

388 RPG III 14 Ulricus Nenninger *decr. doctor cler.* Diöz. Würzburg: *se excommunicationis sententiam incurrisse eo quod Jacobus in itinere versus Romanam curiam ut asseruit extiterit* (1455). Rom-Weg unter besonderem Schutz: Hinschius, Kirchenrecht, V S. 179.

389 A. Esch, Im Heiligen Jahr am römischen Zoll. Importe nach Rom um 1475, in: Studien zum 15. Jahrhundert. Festschrift für Erich Meuthen, hg. von J. Helmrath u. H. Müller (München 1994), S. 869–901, zu 1450 bes. S. 892 ff.; L. Schmugge, Die Jubiläen von 1450 und 1475 im Spiegel des Archivs der Pönitentiarie, in: I Giubilei nella storia della Chiesa (Pontificio Comitato di scienze storiche, Atti e documenti 10, Città del Vaticano 2001), S. 359–375.

390 RPG II 773 Meckelingna de Bobarden, Fia de Cultz, Elsa de Lonbuselle *moniales professe mon. Komede* (Kloster Kumbd) Diöz. Mainz *preter voluntatem abbatisse exiverunt monasterium et venerunt ad Urbem.* Vgl. II 255, 256,

367, 425, 518, 523, 530, 700, 701, 710, 794 usw.: Fälle aus den verschiedensten Diözesen, sämtlich 1450.

391 RPG II 766, VI 2948 u. a.

392 *Illicentiatus exivit et ad Romanam curiam ... se contulit, in qua residet in presenti*: RPG VIII 2791, 2839, 3083 u. ö.

393 RPG II 27, VI 2080, VIII 2517; vgl. II 69, IV 1668, V 2164.

394 RPG I 730, II 511, VI 2510; Täter: VI 2219, 2412, VII 1564 u. a.

395 RPG VIII 2517: 1499 wohl zum Hl. Jahr; ebenso wohl der folgende Fall von 1500, VIII 3434.

396 RPG VIII 2706 Georgius Reynhart *acolitus* Diöz. Meißen (1498, jedoch «schon vor 15 Jahren» geschehen).

397 RPG I 616 Wilhelmus Flade *scolaris* Diöz. Mainz (1441). Dieses Gnadengesuch von 1441 muß sich auf eine frühe Romreise bezogen haben, die er *olim*, im Alter von 22 Jahren, unternahm, *ut privilegiis curialium presentium gaudere posset* (um also durch persönliche Anwesenheit in den Genuß von Kurialen-Vorrechten zu kommen). Denn er ist *in Romana curia iam per quattuor annos continuo presens.* Tatsächlich soll er 1437 *(clericus)* den Auditor Roberto Cavalcanti nach England und Schottland begleiten, und 1441 *(clericus)*, als *servitor* desselben, zum Herzog der Bretagne: Repertorium Germanicum V 5504 u. 5774.

398 Damalige Hotels in Rom und ihre Preise: A. und D. Esch, Mit Kaiser Friedrich III. in Rom. Preise, Kapazität und Lage römischer Hotels 1468/69, in: Reich, Regionen und Europa in Mittelalter und Neuzeit. Festschrift für Peter Moraw (Historische Forschungen 67), hg. von P. J. Heinig u. a. (Berlin 2000), S. 443–457; Pius: S. 455.

399 RPG VI 3265 Johannes Andree *teutonicus laicus habitator Urbis Rome, tabernarius* (1482).

400 Zum Bereich von St. Peter als Wirtschaftszone A. Modigliani, Mercanti, botteghe e spazi di commercio a Roma tra medioevo ed età moderna (Roma 1998), Kap. V.

401 RPG I 204 Theodorus Nicolai de Prusio *subdiac.*, Diöz. Włocławek (1439). Anderer Streit eines Priesters in Rom *stando in collatione prope ignem*: IV 882.

402 RPG VIII 3196 Johannes Colers *cler.* Diöz. Mainz (1501). Eine Kirche S. Margareta auf dem damaligen Petersplatz ist nicht bekannt. Nach der Legende eher S. Catharina: eine *S. Caterina delle Cavallerotte* gab es dort tatsächlich (bis zu Berninis Kolonnaden): C. Hülsen, Le chiese di Roma nel medio evo (Firenze 1927) S. 235 f.

403 S. Selzer, Deutsche Söldner im Italien des Trecento (Tübingen 2001).

404 RPG II 1040 Piccinino; V 2014 Ferrante; II 362 Gitter.

405 Weitere Deutsche in Rom: RPG VII 2446 eine Niederbayerin *habitatrix Urbis*; VI 3699 Liebespaar in Rom ertappt; VIII 3374 Ehegeschichte einer deutschen Dienerin in Rom; 3414 einer Bologneserin in Rom (dann in Deutschland); 3448 zweier italienischer Schwestern mit einem Deutschen.

406 RPG VI 2903 Johannes Stadler *cler.* Diöz. Eichstätt (1479, also 18 Jahre nach dem Vorfall!). Daß damals, in einer Art Plakatkrieg, umgekehrt auch Sigmund Plakate in Rom anheften ließ, die dann heruntergerissen wurden, zeigt die mantuanische Depesche bei L. von Pastor, Geschichte der Päpste, II (Freiburg 1925), S. 150 Anm. 2.

407 RPG VII 1500. Zu den schweren Unruhen während dieser Sedisvakanz die Berichte ebda III S. 207 ff.

408 RPG II 872 Bertoldus Institoris *cler.* Diöz. Mainz, vor den Weihen (1451).

409 Ab Dezember 1450 wird er (Johannes Saureux, Saureulx, Savoureux) in den Auszahlungsanordnungen der Apostolischen Kammer regelmäßig unter den *cantores* genannt, die monatlich je 8 flor. erhalten: Archivio di Stato Roma, Camerale I, Mandati camerali 831 fol. 174r, 178r, 183v, 189v usw. bis November 1451, fol. 239v. In den Kanzleiregistern als *cantor pape* erstmals März 1451: Archivio Segreto Vaticano, Reg. Lat. 461 fol. 160v: vgl. Nachlaß H. Diener im Archiv des Deutschen Historischen Instituts Rom N 11 nr. 32; P. F. Starr, Rome as the Centre of the Universe: Papal Grace and Music Patronage, in: Early Music History 11 (Cambridge 1992), S. 223–262, bes. S. 246 ff.

410 RPG II 816 Johannes Saureux *cantor et cappellanus pape* (1451: *Romam venit et in cantorem pape est gratiose receptus*).

411 RPG VI 2554 Albertus Ysenloe *presb.* von Osnabrück (1475). Vgl. VI 2482 ein Magdeburger, «über mehrere Jahr an der römischen Kurie residierend», hatte die in seinem Pfründenstreit tätigen Notare vielleicht nicht alle honoriert.

412 Am Beispiel des Pontifikats Sixtus' IV. U. Schwarz, Die Papstfamiliaren der ersten Stunde. Zwei Expektativenrotuli für Sixtus IV. (1. Jan. 1472), in: Quellen und Forschungen aus ital. Archiven und Bibliotheken 73 (1993) S. 303–386. Das Kanzleipersonal in: Th. Frenz, Die Kanzlei der Päpste der Hochrenaissance 1471–1527 (Tübingen 1986). Zur deutschen Präsenz an der Kurie allgemein C. Schuchard, I tedeschi alla Curia pontificia nella seconda metà del Quattrocento, in: Roma capitale (1447–1527), a cura di S. Gensini (Pubblicazioni degli Archivi di Stato, Saggi 29, Roma 1994), S. 51–71.

413 RPG VIII 2434 Johannes de Beka *cler*. Diöz. Cambrai (1495); 2170 Johannes Warmfonteyne *cler*. Diöz. Trier (1493); VI 3816 Thomas Probest *cler*. Diöz. Trier (1484, bei Kardinal Giovanni Michiel).

414 RPG VIII 2123 (jedoch noch Innozenz VIII. 1491), Egidius de Platea *cler*. Diöz. Lüttich.

415 RPG VIII 3427 Käse; VI 3166 Intervention.

416 Schuchard, I tedeschi (wie Anm. 412).

417 Poggio Bracciolini, *Facezie*: lat./ital. Milano 1994 (darin auch zum Betrieb in einer Kardinalsfamilie, z. B. Nr. 192).

418 RPG II 37 Johannes Dwaes *cler*. Diöz. Osnabrück (1449).

419 RPG VI 2432 arm, VI 3006 gebrechlich; s. a. V 1335, VI 3038, VII 1650, 2381.

420 RPG II 262 Johannes Ugonis *presb.* Diöz. Utrecht (1450).

421 Ad indicem ‹*Patrozinien*› unter *Sepulcrum*. Zuletzt G. Hartmann, *Licentia apostolica intrandi terras Saracenorum et communicandi cum eis*. Die päpstlichen Register als Quelle für die spätmittelalterlichen Pilgerfahrten, in: Ludwig Quidde (wie Anm. 214, im Druck).

422 Verzeichnet in R. Röhricht, Deutsche Pilgerreisen nach dem Heiligen Lande (Innsbruck 1900); und in dem neuen Repertorium: Europäische Reiseberichte des späten Mittelalters. Eine analytische Bibliographie, hg. von W. Paravicini, 1: Deutsche Reiseberichte bearb. von C. Halm (Frankfurt 1994); jeweils unter Reisende / Reisegruppe / Parallelberichte.

423 RPG VI 2400; I 93; I 94.

424 RPG VI 2463 Magdeburger; VI 2139 Barbara.

425 Etwa der Prior des Servitenklosters in Halle, Johannes Trost (RPG VI 2483), vgl. Röhricht (wie Anm. 422) S. 142.

426 RPG VIII 2125 *qui in Romana curia de Terra Sancta veniens nuper fuit personaliter constitutus*; vgl. Röhricht S. 170.

427 RPG VIII 3180 Johannes Bernardi *quondam presb.* Diöz. Schwerin (1501).

428 Zuletzt, mit der voraufgehenden Literatur, T. Schmidt, Waffenembargo und Handelskrieg, in: Vierteljahrschrift für Sozial- und Wirtschaftsgeschichte 93 (2006) S. 23–33.

429 RPG VIII 3141 Georgius Res *dictus Alemanus laicus habitator Barchinonen.* (1501). Zur Präsenz süddeutscher Kaufleute in Spanien zuletzt, mit der voraufgehenden Literatur: Oberschwaben und Spanien an der Schwelle zur Neuzeit. Einflüsse, Wirkungen, Beziehungen, hg. von D. R. Bauer u. a. (Ostfildern 2006).

430 F. Tamburini, Ebrei Saraceni Cristiani. Vita sociale e vita religiosa dai registri della Penitenzieria Apostolica, sec. XIV–XVI (Milano 1996) S. 73

Nr. 14 (1492). Das Warenembargo sei hier nicht weiterverfolgt, weil es Mitteleuropa kaum betrifft.

431 S. o. S. 68 f.

432 RPG VIII 2705 Stephanus de Castromonte *professus ord. fratrum minorum* (1498).

433 H. van der Wee, The Growth of the Antwerp Market and the European Economy, 3 Bde (Den Haag 1963).

434 Esch, Brügge als Umschlagplatz (wie Anm. 314) S. 111.

435 Zuletzt C. Hollberg, Deutsche in Venedig im späten Mittelalter. Eine Untersuchung von Testamenten aus dem späten 15. Jahrhundert (Göttingen 2005); C. Wirtz, Köln und Venedig. Wirtschaftliche und kulturelle Beziehungen im 15. und 16. Jahrhundert (Köln u. a. 2006).

436 RPG III 414 (Fredericus Johannis von Nürnberg); VI 494 (Gerardus de Erne von Köln).

437 RPG VI 3731 Henricus de Harff *mercator* Diöz. Köln (1481) mit Bitte um eine *littera declaratoria*, daß er nicht verheiratet, also für eine Eheschließung frei sei. Bereits behandelt von L. Schmugge, Die Abenteuer eines Kölner Kaufmanns auf Zypern (ca. 1472–1481), in: Wirtschaft – Gesellschaft – Mentalitäten im Mittelalter. Festschrift zum 75. Geburtstag von Rolf Sprandel (Beiträge zur Wirtschafts- u. Sozialgeschichte 107, Stuttgart 2006), S. 729–738; ebda S. 731 f. zur Bestimmung der Familie, 735 f. über die Behandlung durch die Pönitentiarie (auch die andere Seite hatte sich an Rom gewandt), 737 f. Edition.

438 Sommer 1468, Verlobung zwischen Jakob II. Lusignan und Caterina Cornaro, doch kam die Ehe erst 1472 zustande: F. Colasanti, Caterina Cornaro, in: Dizionario biografico degli Italiani 22 (Roma 1979), S. 335–342; *terminus ante* für alles Weitere ist der Tod des Königs 1473, und das ist wichtig, weil die Supplik erst von 1481 ist. Auch diese Familie Corner hatte ihre Erfahrungen mit dem bankrotten König, konnte durch Caterinas Hochzeit aber wenigstens einiges wieder hereinholen: G. Gullino, Marco Corner, ebda 29 (1983), S. 251–254. Die Ehe brachte den Venezianern 1478 die Insel Zypern ein.

439 *pannos de racho, razo*, vielleicht Teppiche oder Tuche von Arras gemeint.

440 In den Rechnungsbüchern des Johanniterordens Einzahlung vom 4. Nov. 1474 über 1569 rhein. Gulden durch Heinrich von Harff *mercator alamanicus* (der also offensichtlich längere Zeit auf Rhodos verblieben war) für den Konvent, rückzahlbar in Frankfurt am Main (also ein als Darlehen maskierter Transfer): J. Sarnowsky, Macht und Herrschaft im Johanniterorden des 15. Jahrhunderts. Verfassung und Verwaltung der

Johanniter auf Rhodos 1421–1522 (Münster 2001), S. 570; Schmugge (wie Anm. 437) S. 736.

441 RPG VI 2726, 2729, 2897, 2981 (1477–79); vgl. Ph. Dollinger / F. Rapp in: Histoire de Strasbourg, II (Strasbourg 1981) S. 130 u. 187.

442 RPG VI 3718 *(conflictus plures paterentur adeo, quod senes et iuvenes illuc concurrebant).*

443 Hier Philipp der Gute, Vater Karls des Kühnen.

444 RPG IV 1468 Wernerus Pistoris *cler.* Diöz. Münster (1461).

445 RPG IV 1469 bzw. V 2154. Zum Zusammenhang dieser Auseinandersetzungen Philippe de Commynes, Mémoires IV 1 (in der Übersetzung von F. Ernst 1952: S. 133); zu den Auswirkungen vgl. W. Paravicini, Kleve, Geldern und Burgund im Sommer 1473. Briefe aus einer verlorenen Korrespondenz, in: Ders., Menschen am Hof der Herzöge von Burgund. Gesammelte Aufsätze, hg. von K. Krüger u. a. (Stuttgart 2002), S. 621–669.

446 S. vor. Anm.

447 Commynes, Mémoires IV 1 (F. Ernst S. 134).

448 RPG VII 1563 Georgius *ex comitibus de Virnenberg* Diöz. Köln (1485).

449 Dazu der Bericht des Augenzeugen Commynes, Mémoires II 10 ff. (F. Ernst S. 75 ff.). Zu den Vorgängen W. Paravicini, Guy de Brimeu. Der burgundische Staat und seine adelige Führungsschicht unter Karl d. Kühnen (Bonn 1975, Pariser Historische Studien 12), Kap. II.

450 RPG V 1993, drei Pfarrer aus Lüttich und Umgebung (1466). Interdikt und Folgen: Hinschius, Kirchenrecht (wie Anm. 104), V S. 493 ff.; Sägmüller, Kirchenrecht (wie Anm. 104), II S. 361 ff.; Schmugge / Hersperger / Wiggenhauser, S. 125 ff.

451 Commynes, Mémoires II 7 (F. Ernst S. 68).

452 RPG VI 2911 Kaplan *(in bellis de Brusten)* u. 2912 (Sohn und Witwe: *vertente controversia inter cives Leod. et episcopum ..., [Raso de Heer miles] inter eos auctoritate quadam preeminebat*). Zur führenden Rolle des Raes de Heers (oder de la Rivière) G. Xhayet, Raes de Heers, un condottiere liégeois du XVe siècle, in: Le Moyen Âge 93 (1987), S. 409–442. Zu den damaligen Kämpfen J. Lejeune, La principauté de Liège (Liège 1948) S. 99–109.

453 Commynes, Mémoires V 10 ff. (F. Ernst S. 201 ff.).

454 RPG VI 2929 Walterus de Moed et Johannes de Heenvliet *milites* Diöz. Cambrai u. Utrecht (1479).

455 RPG VI 2944 Johannes Schadt, Johannes de Ophem, Johannes Balshuys *laici oppidani* op. Bruxellen. (1479): *cum ... universus populus ... invicem commotus existeret seque contra plures notabiles viros ... et rei publice gubernatores insurrexisset.*

456 Wahrscheinlich Wilhelm von der Mark, Herr von Arenberg (für Rat in burgundischen Fragen danke ich Werner Paravicini).

457 RPG VI 3804 (1484).

458 RPG VII 1714 (1486). Vgl. VI 2194 Reliquienraub aus Köln.

459 Konzil Basel RPG I–II *ad indicem*; Nürnberg II 1001; Hamburg IV 1327, V 1985; Mainz V 1998.

460 RPG III 366 abgelegt; IV 1833 angelegt; III 345 Predigt.

461 RPG VII 2574 Ludwig XI. (1489); VIII 2619 Karl VIII. (1497).

462 RPG VIII 2971 Henricus Rugger *cler.* Diöz. Konstanz, *qui Svytensis existit* (1500), 2990 Stephanus Zobel *cler.* Diöz. Bamberg (1500).

463 RPG VIII 2189, 2563, 2694.

464 RPG VI 3423 (vgl. o. Anm. 117), 3594, 3765; Türkeneinfälle über den Balkan weiterhin, z. B. VIII 2194. Dazu F. Babinger, Mehmed der Eroberer und seine Zeit (München 1953), S. 391 ff., 402 ff.

465 RPG III 296, Januar 1456: der Sieg Hunyadis über Mehmed II. bei Belgrad wird erst Juli 1456 erfolgen, s. Babinger S. 148 ff.

466 RPG VI 2765 Pest; VIII 3153 Fütterer (1501; heute in Roth bei Nürnberg); zur Person W. v. Stromer, Oberdeutsche Hochfinanz (Wiesbaden 1970), S. 318; VIII 3248 (1503) Syphilis.

467 RPG IV 1795 Reutlingen (1461); IV 1745 St. Georgen (1459).

468 RPG II 972 (1452); Krieg 1446 s. Handbuch der Schweizergeschichte, I (Zürich 1972), S. 302.

469 RPG V 1917 (zu korrigieren in *Athesim*) Memmingen (1471); V 1157 Student (1466); vgl. V 1133, VI 3655. Zur Verurteilung Sigmunds E. Meuthen, Die letzten Jahre des Nikolaus von Kues (Köln u. Opladen 1958), S. 15 ff.. Als Räte Sigmunds exkommuniziert, wandten sich damals auch andere nach Rom: V 2002 (1466). Interdikt: s. o. Anm. 450.

470 RPG III 304 Leipzig (1456); II 830 Trier (1450).

471 RPG VI 2953 Johannes de Salis de Brixia *legum doctor* (1479). Zu dem Verfahren A. Esposito/D. Quaglioni, Processi contro gli ebrei di Trento (1475–1478), I u. II (Cedam 1990 u. 2008), zu den Personen ebda *ad indicem*. – Weitere Betreffe zu Juden im Reich sind selten (RPG III 78 u. 348; II 902 betr. Niederlassung in Würzburg; III 503 Rat Herzog Sigmunds von Österreich hatte für Fürsprecherdienste Geld genommen).

472 Umfassend F. Šmahel, Die hussitische Revolution, 3 Bde (Monumenta Germaniae Historica, Schriften 43, Hannover 2002), bis zu den Iglauer Kompaktaten 1436; für die Folgezeit (für unsere Zwecke vor allem Georg Podiebrad und die Päpste) V. Filip/K. Borchardt, Schlesien, Georg von Podiebrad und die römische Kurie (Würzburg 2005).

473 W. Eberhard in: Böhmen und Mähren (Handbuch der historischen Stätten, Stuttgart 1998), S. LXXVI.

474 RPG II 1009 (1453), IV 1271 (1460); vgl. III 29, 55, 451; IV 953, 1635; I 585 angeblich aus Unkenntnis.

475 Der von den Utraquisten gewählte, von Konzil und Papst aber nicht bestätigte Erzbischof von Prag Jan Rokycana.

476 RPG I 696 (1442); soll aber die «*de facto* geheiratete» Frau entlassen.

477 RPG I 511 *feudalis* (1440); V 1962 *Yglau* (1465).

478 RPG V 3523, 3527; vgl. umgekehrt Suppliken von Podiebrads Untertanen [illegible]d Helfern VI 2596, 2597.

479 Au[illegible]rlich oben Anm. 370.

480 R[illegible]448 *in oppido Heydenreich* Diöz. Passau (Heidenreichstein und Litsch[illegible]n Niederösterreich, 1472). Vgl. VI 3532. Schweidnitz setzte beim Wiederaufbau der zerstörten Peterskapelle vor der Stadt wegen der Hussitengefahr ein *propugnaculum* auf die Kapelle, VII 2377.

481 RPG II 880 Nicolaus Pfeffer, 881 Thomas de Laa (beide 1451).

482 RPG V 1621 ein Laie aus der Diözese Passau (1468), VI 2146 ein Laie aus der Diözese Meißen (1472).

483 RPG VI 2187 u. 2747 Erhardus Awer von Nürnberg (1472 u. 1477); VI 2827 Andreas Meyhardi aus der Diöz. Regensburg (1478); VI 2936 T[illegible]omas Dost von Nürnberg (1479).

484 RPG I 202 Martinus Jacobi *presb.* Diöz. Prag (1439).

485 RPG IV 1758 Nycolaus von der Gehtutner *laicus* Diöz. Prag (1459). Vgl. L. Doležalova, «But if you marry me»: Reflections of the Hussite Movement in the Penitentiary, in: G. Jaritz / K. Torstein-Salonen (Hg.), The Long Arm of Papal Authority (Budapest 2005), S. 121–134.

486 RPG VI 3740 Conradus Muratoris *laicus* Diöz. Prag (1481): *repetens eundem tamquam suum maritum legitimum*. Vgl. Schmugge, Ehen (wie Anm. 6), S. 100 f.

487 RPG III 179 (1456). Oder Benedictus Rüed *presb.* Diöz. Eichstätt als Student in Prag Verhältnis zu einer Hussitin, VII 1994 (1488).

488 Oder bestimmte, ‹historische› Personen genannt werden: so wünschen Obwalden und Unterwalden 1492 den Leichnam ihres (fünf Jahre zuvor verstorbenen) Niklaus von der Flüe aus der Pfarrkirche in Sachseln in die Kapelle im Ranft zu überführen, wo er als Einsiedler gelebt hatte: RPG VII 2438; vgl. dazu L. Schmugge, Der Streit um die Grablege des heiligen Nikolaus von Flüe, in: Studia in honorem Em. Card. A. M. Stickler, hg. von R. J. Card. Castillo Lara (Roma 1992), S. 529–534. – Oder: tätlicher Angriff auf den Inquisitor Heinrich Institoris, künftiger Verfasser des «Hexen-

hammers» RPG VI 3131 (1481), vgl. L. Schmugge, Ein Inquisitor schießt sich ein. Heinrich Institoris, Pfarrer Johannes Molitor und die tägliche Kommunion in Augsburg (1480–82), in: Ein gefüllter Willkomm. Festschrift für Knut Schulz, hg. von Franz Felten u. a. (Aachen 2002) S. 401–418. – Oder VIII 2581 der Sekretär Kaiser Maximilians, Leonhard Ölhafen; vgl. H. Wiesflecker, Kaiser Maximilian, III (München 1977), S. 250.

489 A. Esch, Zeitalter und Menschenalter. Die Perspektiven historischer Periodisierung, in: Historische Zeitschrift 239 (1984), S. 309–351.

490 Ebda, S. 348 (ca. 1381).

Bildnachweis

Abb. 1	The National Gallery, London
Abb. 2	akg-images – Archiv für Kunst und Geschichte, Berlin
Abb. 3	The Pierpont Morgan Library, New York. (Ankauf mit der finanziellen Unterstützung des Belle da Costa Greene Fund sowie der Hilfe der Fellows, 1963. MS M. 917.)
Abb. 4	The Bridgeman Art Library/Privatsammlung/Peter Willi, London/Berlin
Abb. 5	Diebold-Schilling-Chronik 1513, Eigentum Korporation Luzern
Abb. 6	Bayerische Staatsbibliothek, München
Abb. 7	Bildarchiv Preußischer Kulturbesitz – bpk/Kupferstichkabinett/SMB/Jörg P. Anders, Berlin
Abb. 8	Public Domain
Abb. 9	akg-images – Archiv für Kunst und Geschichte/Rabatti – Domingie, Berlin
Abb 10	Photo Verfasser
Abb. 11	Foto Scala – Ministero Beni e Attività Culturali, Firenze
Abb. 12	akg-images – Archiv für Kunst und Geschichte, Berlin
Abb. 13	akg-images – Archiv für Kunst und Geschichte/Erich Lessing, Berlin
Abb. 14	Bildarchiv Preußischer Kulturbesitz – bpk/RMN/Michèle Bellot, Berlin
Abb. 15	Bibliothèque nationale de France, Paris
Abb. 16	aus: Arnold Esch: Landschaften der Frührenaissance, München 2008
Abb. 17	Diebold-Schilling-Chronik 1513, Eigentum Korporation Luzern
Abb. 18	akg-images – Archiv für Kunst und Geschichte, Berlin
Abb. 19	Foto Scala – Ministero Beni e Attività Culturali, Firenze
Abb. 20	Diebold-Schilling-Chronik 1513, Eigentum Korporation Luzern

Abb. 21 akg-images – Archiv für Kunst und Geschichte, Berlin
Abb. 22 The Bridgeman Art Library, London/Berlin
Abb. 23 Photo Vatican Museums, Roma
Abb. 24 Forschungsbibliothek Gotha, Chart. A 541, Bl. 38v–39r, Gotha
Abb. 25 Kunstmuseum Basel, Kupferstichkabinett, Martin P. Bühler, Basel

Leider war es nicht in allen Fällen möglich, die Inhaber der Rechte zu ermitteln. Wir bitten deshalb gegebenenfalls um Mitteilung. Der Verlag ist bereit, berechtigte Ansprüche abzugelten.